Resiliencia

SERIE INTELIGENCIA EMOCIONAL DE HBR

Serie Inteligencia Emocional de HBR

Cómo ser más humano en el entorno profesional

Esta serie sobre inteligencia emocional, extraída de artículos de la *Harvard Business Review*, presenta textos cuidadosamente seleccionados sobre los aspectos humanos de la vida laboral y profesional. Estas lecturas, estimulantes y prácticas, ayudan a conseguir el bienestar emocional en el trabajo.

Empatía

Felicidad

Mindfulness

Resiliencia

El auténtico liderazgo

Influencia y persuasión

Otro libro sobre inteligencia emocional de la
Harvard Business Review:

Guía HBR: Inteligencia Emocional

Resiliencia

SERIE INTELIGENCIA EMOCIONAL DE HBR

Reverté Management

Barcelona · México

Harvard Business Review Press

Boston, Massachusetts

© **Editorial Reverté, S. A., 2018, 2019**
Loreto 13-15, Local B. 08029 Barcelona – España
revertemanagement@reverte.com

3ª reimpresión: abril 2019

© Begoña Merino Gómez, 2017, por la traducción

Colección dirigida por: Ariela Rodríguez / Ramón Reverté
Coordinación editorial: Julio Bueno
Maquetación: Reverté-Aguilar, S.L.
Revisión de textos: Mariló Caballer Gil

Impreso en España – *Printed in Spain*
ISBN: 978-84-946066-7-0
Depósito legal: B 2719-2018

Impresión: Liberdúplex, S.L.U.
Barcelona – España

1459

Contenidos

Contenidos

Resiliencia

SERIE INTELIGENCIA EMOCIONAL DE HBR

1

Cómo funciona la resiliencia

Diane Coutu

Empecé mi carrera de periodista como reportero en la que entonces era una revista nacional. Trabajaba también allí un hombre al que llamaré Claus Schmidt. Tenía algo más de 50 años, y mis ojos, impresionables por aquel entonces, lo veían como un prototipo de periodista: cínico a veces, pero también un curioso insaciable, lleno de vida y a menudo increíblemente divertido, con un humor corrosivo. Escribía un sinfín de artículos y reportajes que se publicaban en primera plana, con una velocidad y una elegancia con las que yo solo podía aspirar a soñar. Siempre me sorprendió que no lo ascendieran a jefe de redacción.

Pero la gente que conocía a Claus mejor que yo no lo veía como a un gran reportero, sino como al superviviente por excelencia: alguien que había resistido en un entorno a menudo hostil al talento. Había pasado por al menos tres cambios importantes en la dirección de la revista; lo que para él supuso perder a la mayoría de sus mejores amigos y compañeros de trabajo. En su casa, dos de sus hijos sufrían enfermedades incurables, y el tercero había muerto en un accidente de tráfico. A pesar de todo, o tal vez precisamente por ello, día tras día se paseaba por la redacción ayudando a los reporteros novatos y comentándoles las novelas que estaba escribiendo, siempre confiado en lo que el futuro le iba a deparar.

¿Por qué algunas personas sufren auténticas adversidades y no se dan por vencidas? Claus Schmidt podría haber reaccionado de forma muy distinta. Todos lo hemos visto en alguna ocasión: una persona que, tras haber sufrido una desgracia, no llega a recuperar su confianza. Otra que, después de un divorcio, se deprime profundamente y se encierra en sí misma durante años. La pregunta que a todos nos gustaría que nos respondieran es ¿por qué? ¿En qué consiste exactamente esa resiliencia que ayuda a la gente a sobrellevar la vida?

La resiliencia es algo que me ha fascinado desde que en el colegio me explicaron la existencia de los supervivientes del Holocausto. Volví sobre el tema en la facultad, y más tarde, durante mis estudios como investigador asociado en la Boston Psychoanalytic Society and Institute. Sin embargo, últimamente lo he abordado con un interés renovado, porque creo que los actuales acontecimientos de terrorismo, guerra y recesión implican que el entender la resiliencia sea más urgente que nunca. He considerado tanto la naturaleza de la resiliencia como qué hace que algunas organizaciones sean más resilientes que otras. ¿Por qué algunas personas y algunas compañías se hunden en los momentos de crisis? ¿Y qué hace que otras solo caigan y vuelvan a levantarse con fuerza? Mis indagaciones me han enseñado mucho sobre la resiliencia, aunque es un tema en el que todavía queda mucho por investigar. Así es, la resiliencia es uno de los grandes misterios de la naturaleza humana,

como la creatividad o la inclinación a la espirituali-
dad. Pero, tras revisar las investigaciones psicológicas
realizadas y reflexionar sobre la multitud de historias
que he escuchado acerca de este tema, he sido capaz
de entender mejor los corazones y las mentes de personas como Claus Schmidt, y al hacerlo también he
podido comprender mejor el espíritu humano.

El entusiasmo sobre la resiliencia

La resiliencia es un tema de actualidad en el mundo
de los negocios. Recientemente, estaba hablando con
el socio sénior de una respetada firma de consultoría
sobre cómo conseguir a los mejores MBA (así se de-
nomina, de sus siglas en inglés, a quienes han com-
pletado un Máster en Administración y Dirección de
Empresas). El socio, llamémosle Daniel Savageau,
enumeró una larga lista de cualidades que su compañía buscaba en las nuevas incorporaciones: inteligencia, ambición, integridad, capacidad analítica,

y así sucesivamente. «¿Y la resiliencia?», pregunté. «Bueno, es muy popular ahora mismo», dijo. «Es la nueva palabra de moda. Incluso son los propios candidatos quienes nos dicen que son resilientes; ellos nos ofrecen tal información. Pero, francamente, son demasiado jóvenes para saber eso de sí mismos. Solo *después* de hechos concretos te das cuenta de si tienes resiliencia o no».

«Pero, si pudieras, ¿valorarías la resiliencia de los candidatos?», pregunté. «¿Es importante en el mundo de los negocios?».

Savageau hizo una pausa. Es un hombre de unos cuarenta y tantos años que saborea el éxito personal y profesional. Aunque el camino hacia la cima no le ha resultado fácil. De joven era un francocanadiense pobre que vivía en Woonsocket, en Rhode Island. Perdió a su padre cuando tenía 6 años. Consiguió una beca universitaria para jugar en el equipo de fútbol pero lo expulsaron de la Universidad de Boston dos veces por consumir alcohol. En los siguientes veinte años, su vida dio varios giros: se casó, se divorció, volvió a casarse y crió a sus cinco hijos. En el camino, construyó y perdió dos fortunas antes de ayudar a fundar la firma de consultoría que ahora dirige. «Sí, importa», acabó reconociendo. «De hecho, probablemente sea lo que más importa entre las distintas cualidades que normalmente buscamos en los candidatos». Mientras investigaba para preparar este artículo, he escuchado una y otra vez la misma afirmación. Lo dice Dean Becker, presidente y director ejecutivo de Adaptiv Learning Systems, una compañía con cuatro años de vida ubicada en King of Prussia (Pennsylvania), que desarrolla y distribuye programas para el entrenamiento de la resiliencia: «Más que la educación, la experiencia o la preparación, el nivel de resiliencia de una persona es lo que determina quién triunfa y quién fracasa. Eso es así en la planta de oncología, en las Olimpiadas y en las salas de juntas».

Los estudios pioneros de Norman Garmezy, profesor emérito en la Universidad de Minnesota en Minneapolis, iniciaron la investigación académica sobre la resiliencia hace unos cuarenta años. Después de

estudiar por qué muchos hijos de padres esquizofré-
nicos no sufrían ninguna enfermedad mental a pesar
de haberse criado en ese ambiente, Garmezy concluyó
que existía cierta forma de resiliencia que desempe-
ñaba una función en la salud mental de las personas
mucho más importante de lo que se pensaba.

Hoy en día abundan las teorías sobre la naturaleza de la resiliencia. Maurice Vanderpol, antiguo
presidente de la Boston Psychoanalytic Society and
Institute, descubrió que muchos de los supervivientes sanos de los campos de concentración durante
el Holocausto tenían lo que él llama «un escudo
plástico». Este escudo estaba formado por distintos
factores; entre otros, el sentido del humor. A menudo, se trataba de un humor negro, pero aun así les
ayudó a tener una perspectiva crítica de la situación.
Otras características fundamentales que sirvieron
de ayuda a aquellos supervivientes fueron la capacidad de formar vínculos con otros y el disponer de un
espacio psicológico interior que les protegía de las
intrusiones de sus maltratadores. La investigación

sobre otros grupos ha descubierto distintas cualidades asociadas a la resiliencia. El Search Institute, una organización no gubernamental de Minneapolis interesada en la resiliencia y la juventud, descubrió que los niños más resilientes tienen una sorprendente habilidad para conseguir que los adultos les ayuden. Hay estudios que muestran que los chicos resilientes de barrios marginales desarrollan talentos y aptitudes, como las deportivas, con los que consiguen atraer ese apoyo.

Muchas de las primeras teorías sobre la resiliencia subrayaban el papel de la genética. Simplemente algunas personas nacen resilientes y otras no, se decía. Por supuesto, hay algo de verdad en eso, pero un buen número de evidencias empíricas (procedentes tanto de niños como de supervivientes de campos de concentración o de negocios que renacen de sus cenizas) sugiere que la resiliencia se puede aprender. Por ejemplo, George Vaillant, director de Study of Adult Development en la Facultad de Medicina de Harvard, en Boston, observó que dentro de varios grupos estudiados durante un período de sesenta años, algunas personas se volvieron mucho más resilientes durante sus vidas. Otros psicólogos afirman que las personas desafortunadas desarrollan las habilidades asociadas a la resiliencia más fácilmente que aquellos que disfrutan de unas circunstancias ventajosas.

La mayoría de teorías sobre la resiliencia con las que me he encontrado durante mi investigación se basan en el sentido común. Pero también he observado que casi todas ellas coinciden en afirmar que las personas resilientes reúnen tres características: una aceptación obstinada de la realidad, la profunda convicción de que la vida tiene un sentido (una creencia que se sustenta sobre valores muy arraigados) y una habilidad increíble para improvisar. Puedes conseguir recuperarte de un revés con una o dos de estas cualidades, pero solo serás verdaderamente resiliente con las tres. Estas características se consideran también aplicables a las organizaciones resilientes. Veamos cada una de ellas por separado.

Afrontar la realidad

Con frecuencia se cree que la resiliencia es el resultado de tener una naturaleza optimista. Eso es cierto siempre y cuando el optimismo no distorsione tu sentido de la realidad. En situaciones extraordinariamente adversas, ver el mundo a través de unas lentes rosas puede resultar desastroso. El escritor e investigador en temas de gestión Jim Collins me lo dejó muy claro. Él se encontró con este concepto cuando se documentaba para su libro *Empresas que sobresalen*,[1] donde trata el tema de las compañías que logran transformarse y salir de la mediocridad. Collins tenía la corazonada, equivocada por cierto, de que las compañías resilientes estaban llenas de personas optimistas. Contrastó su idea con el almirante Jim Stockdale, que había sido hecho prisionero y torturado durante ocho años por el ejército del Vietcong.

Collins recuerda: «Le pregunté a Stockdale: "¿Quién no logró salir de los campos?". Y respondió: "Oh, eso es fácil. Fueron los optimistas. Fueron aquellos que dijeron que estaríamos libres en Navidad. Y luego dijeron que lo estaríamos por Pascua y luego el Día de la Independencia de Estados Unidos, y más tarde por Acción de Gracias, y luego por Navidad de nuevo". Tras decir eso, Stockdale se giró hacia mí y dijo: "¿Sabes? Creo que todos murieron porque se les rompió el corazón"».

En el mundo de los negocios, Collins encontró la misma actitud, sin variación alguna, compartida por todos los ejecutivos de las compañías más prósperas que estudió. Al igual que Stockdale, las personas resilientes tienen una visión muy serena y realista de las partes de la realidad que son importantes para la supervivencia. Eso no quiere decir que el optimismo no tenga cabida alguna: por ejemplo, para cambiar el estado de ánimo de un equipo de ventas desmoralizado, hacer que crean en todas sus posibilidades puede ser una herramienta muy poderosa; pero, ante desafíos mayores, una perspectiva de la realidad fría, casi pesimista, es mucho más importante.

Quizás te estés preguntando: «¿Realmente entiendo y acepto lo que me está pasando?». Son buenas preguntas, sobre todo porque la investigación sugiere que la mayoría de las personas utilizan la negación como mecanismo para afrontar algunas situaciones. Encarar la realidad con todas su consecuencias quizás sea extenuante. Así es, puede ser desagradable y a menudo emocionalmente doloroso. Veamos la siguiente historia de resiliencia organizacional y lo que nos dice sobre enfrentarnos a la realidad.

Antes del 11 de septiembre de 2001, Morgan Stanley, el famoso banco de inversión, era el mayor inquilino del World Trade Center. La compañía tenía a unos 2.700 empleados trabajando en la torre sur repartidos en 22 pisos, entre el 43 y el 74. Aquel horrible día, el primer avión alcanzó la torre norte a las 8:46 h de la mañana. Solo un minuto después, a las 8:47 h, Morgan Stanley ya estaba evacuando a los empleados de todas sus plantas. Cuando el segundo avión se estrelló contra la torre sur quince minutos después, las oficinas de Morgan Stanley ya estaban prácticamente vacías. En total, la compañía perdió a solo siete empleados, a pesar de haber recibido un ataque casi directo.

Por supuesto, la organización simplemente tuvo la suerte de estar ubicada en la segunda torre. Cantor Fitzgerald, cuyas oficinas recibieron el impacto en el primer ataque, no pudo hacer nada para salvar a sus empleados. Sin embargo, fue la visión puramente realista de la situación por parte de la compañía lo que permitió a Morgan Stanley que se beneficiaran de su suerte.

Poco después del atentado con bomba acontecido en el World Trade Center en 1993, la dirección de Morgan Stanley reconoció que trabajar en un lugar que simbolizaba con tanta fuerza el poder comercial estadounidense había hecho a la empresa más vulnerable a la acción de un atentado terrorista.

Con esta desalentadora realidad, Morgan Stanley lanzó un programa de prevención entre todos sus trabajadores. Son muy pocas las empresas que se toman tan en serio los simulacros de incendio. No es así en Morgan Stanley, cuyo vicepresidente de seguridad para el Individual Investor Group, Rick Rescorla, aplicó una disciplina militar a su trabajo.

Rescorla, veterano de Vietnam y un gran resiliente, se aseguró de que la gente estuviera bien entrenada para saber qué hacer en caso de una catástrofe. Cuando el desastre les golpeó el 11 de Septiembre, Rescorla hablaba por los altavoces a los trabajadores, pidiéndoles que mantuvieran la calma y que siguieran las pautas practicadas en los simulacros, a pesar de que muchos supervisores de los edificios insistían en decir que no pasaba nada. Lamentablemente, Rescorla, cuya historia ha sido extensamente relatada en diferentes medios, fue uno de los siete empleados de Morgan Stanley que no logró sobrevivir.

«Cuando estás en unos servicios financieros, donde tantas cosas dependen de la tecnología, la planificación de contingencias es una de las principales partes del negocio», dice el presidente y jefe de operaciones Robert G. Scott. Pero en Morgan Stanley estaban preparados para la realidad más dura. Tenían no uno sino tres sitios con sus pertinentes copias de seguridad donde, si alguna vez sus sedes de trabajo se veían afectadas por una catástrofe, los empleados podían reunirse y continuar los negocios. «Tener varios puntos alternativos de recuperación parecía una increíble extravagancia el 10 de septiembre», dice Scott. «Pero, el 12 de septiembre, simplemente parecía una genialidad».

Tal vez fue un genio: sin duda se trata de resiliencia en el trabajo. Lo importante es que, cuando tengamos que mirar la realidad a la cara, estemos preparados para actuar de forma eficiente para resistir y sobrevivir a contratiempos extraordinarios. Nos preparamos para superar un reto antes de que se presente.

Buscar un sentido

La capacidad de ver la realidad está estrechamente relacionada con el segundo pilar de la resiliencia: aprender de las situaciones difíciles. Todos conocemos a personas que, bajo presión, levantan los brazos y gritan: «¿Cómo me puede estar pasando esto a mí?». Esas personas se ven como víctimas, y pasar por adversidades no les aporta lección alguna. Pero las personas resilientes construyen conceptos a partir de su sufrimiento para lograr un sentido, para sí mismos y para los demás.

Una amiga a quien llamaré Jackie Oiseaux sufrió episodios recurrentes de psicosis durante un período de diez años a causa de un trastorno bipolar sin diagnosticar. En la actualidad, tiene un empleo importante en una de las más notables editoriales del país, ha creado una familia y es un miembro destacado de su iglesia. Cuando la gente le pregunta cómo consiguió recuperarse de su crisis, ella responde: «La gente suele decir "¿Por qué yo?". Pero yo siempre he dicho: "¿Por qué yo no?". Es verdad, durante mi enfermedad perdí muchas cosas», dice, «pero encontré muchas más: amigos increíbles que me acompañaron en los momentos más sombríos y que darán sentido a mi vida para siempre».

Esta dinámica de buscar un sentido es (muchos investigadores lo corroboran) la forma que tienen las personas resilientes de tender puentes entre las dificultades del presente y un futuro más completo y mejor. Esos puentes que hacen que encaren el futuro con esperanza ayudan a amortiguar la dureza del presente. Viktor E. Frankl, el psiquiatra austríaco que sobrevivió a Auschwitz, expresó este concepto de una forma muy bella. En medio del impactante sufrimiento que le rodeaba, Frankl ideó la logoterapia: una técnica basada en la terapia humanista que ayuda a los individuos a tomar el tipo de decisiones que darán sentido a sus vidas.

En su libro *El hombre en busca de sentido*,[2] Frankl describe la situación crucial que vivió en el campo de concentración, determinante para el posterior desarrollo de la logoterapia. Un día iba hacia el trabajo que le habían asignado y estaba angustiado porque no sabía si debía cambiar su último cigarrillo por un tazón de sopa. Se preguntaba también cómo lo trataría el nuevo capataz, de quien se sabía que era especialmente sádico. De repente, sintió una gran pena: su vida era trivial y carente de sentido. Entonces comprendió que, para sobrevivir, tenía que encontrar algún sentido. Lo hizo visualizándose a sí mismo dando una clase tras la guerra, hablando de la psicología de un campo de concentración con el fin de ayudar a los antiguos prisioneros a sobreponerse de la experiencia que habían vivido. Aunque ni siquiera sabía si lograría sobrevivir, Frankl se propuso alcanzar algunos objetivos. Al hacerlo, consiguió abstraerse de los sufrimientos del momento. Como dice en su libro: «Nunca debemos olvidar que también podemos encontrar sentido a la vida, incluso cuando afrontamos la situación más desesperada, cuando afrontamos un destino que no podemos cambiar».

La teoría de Frankl sustenta la mayoría del *coaching* para la resiliencia utilizado en los negocios. Realmente, me ha sorprendido la frecuencia con que los ejecutivos citan su trabajo. «El entrenamiento de la resiliencia (lo que llamamos "resistencia") es la forma que tenemos de ayudar a las personas a que den sentido a sus actividades cotidianas», explica Salvatore R. Maddi, profesor de la Universidad de California en Irvine y director del Hardiness Institute en

Newport Beach (California). «Cuando la gente comprende el poder del entrenamiento de la resiliencia, a menudo comentan: "Doctor, ¿es esto la psicoterapia?". Pero la psicoterapia se utiliza en personas con vidas alteradas que necesitan un tratamiento específico. Nuestro trabajo está más enfocado a enseñar a la gente unas habilidades y aptitudes para la vida. Tal vez deberían enseñarnos esas cosas en casa, pero no suele ocurrir eso. Así que acabamos haciéndolo en la empresa».

Por tanto, el desafío que afrontan los formadores en resiliencia es a menudo más difícil de lo que podemos imaginarnos. El significado puede ser escurridizo, y solo porque lo hayas encontrado una vez no quiere decir que lo mantendrás o lo encontrarás de nuevo. Pensemos en Aleksandr Solzhenitsyn, escritor e historiador ruso que sobrevivió a la guerra contra los nazis, fue encarcelado en el Gulag y sufrió un cáncer. Cuando se mudó a una granja en la pacífica y segura ciudad de Vermont, le superó lo que él llamaba «el infantil Occidente». Fue incapaz de encontrar algún sentido real a lo que él catalogaba como la libertad destructiva e irresponsable de Occidente. Molesto con sus críticos, se encerró en su casa de campo y apenas se dejaba ver en público. En 1994, Solzhenitsyn era un hombre amargado que regresó a Rusia.

Puesto que encontrar sentido en el propio entorno es un aspecto tan importante de la resiliencia, no debería sorprendernos que las empresas y las personas más exitosas cuenten con un sólido sistema de valores. Los valores firmes dotan de significado a un contexto porque proporcionan argumentos para interpretar y dar forma a los acontecimientos. Estos días parece que está de moda ridiculizar algunos valores, pero no es una coincidencia que la organización más resiliente del mundo sea la Iglesia católica, que ha sobrevivido a guerras, corrupciones y cismas durante más de dos mil años, gracias sobre todo a su inmutable conjunto de valores. Los negocios que sobreviven también tienen sus propios credos, que van más allá de ganar dinero. Sorprendentemente, muchas compañías se refieren a su sistema de valores en términos religiosos. El gigante farmacéutico Johnson & Johnson, por ejemplo, llama a su sistema de valores «el credo», que se entrega en un documento a cada nuevo empleado. La compañía de paquetería UPS habla constantemente de su «noble propósito».

Los sistemas de valores en las compañías resilientes cambian muy poco a través de los años y sirven de andamiaje en tiempos difíciles. El presidente y director ejecutivo de UPS, Mike Eskew, cree que el noble propósito ayudó a que la empresa se recuperara después de la atroz huelga de 1997. Dice Eskew: «Fue un momento tremendamente difícil, como una pelea familiar. Todo el mundo tenía amigos próximos a ambos lados de la línea divisoria, y a todos nos resultó difícil escoger entre una posición o la otra. Lo que nos salvó fue nuestro noble propósito. No importaba en qué lugar estuvieran las personas, todos ellos compartían un conjunto de valores comunes. Esos valores son fundamentales para nosotros y no cambian nunca; todas nuestras decisiones se asientan en ellos. Nuestra estrategia y nuestra misión pueden cambiar, pero nuestros valores no».

Sin embargo, las connotaciones religiosas de palabras como «credo», «valores» y «noble propósito» no deben confundirse con el contenido real de los valores. Las compañías pueden plantear unos valores éticamente cuestionables y aun así ser muy resilientes. Pensemos en Phillip Morris, que ha demostrado una resiliencia impresionante a pesar de su pérdida creciente de popularidad. Como dice Jim Collins, Phillip Morris tiene unos valores muy fuertes, aunque no estemos de acuerdo con ellos; por ejemplo, el valor de la "elección adulta"». Pero no cabe la menor duda de que los ejecutivos de Phillip Morris creen firmemente en sus valores, y la fuerza de sus creencias distingue a esa compañía del resto de tabacaleras. En este contexto, vale la pena observar que la resiliencia no es éticamente buena o mala. Solo es la capacidad y la habilidad de mantenerse fuerte en condiciones de cambio y de gran estrés. Como escribió Viktor Frankl: «En general, solo se mantienen con vida los prisioneros que, tras años de ir de un campo a otro, han perdido todos los escrúpulos en su lucha por la existencia; estaban preparados para usar cualquier medio, honesto o no, incluso brutal... para salvarse. Los que hemos sobrevivido... lo sabemos. Los mejores de nosotros no regresaron».

Los valores de una organización, positivos o negativos, son en realidad más importantes para la resiliencia que tener a personas resilientes en nómina. Si cada uno de los empleados resilientes interpreta la realidad de un modo distinto, sus acciones y decisiones pueden entrar en conflicto, poniendo en duda la supervivencia de su organización. Y, a medida que la debilidad de la organización sale a la luz, es más probable que los individuos muy resilientes tiren por la borda a la organización antes de poner en peligro su propia supervivencia.

Ritualizar el ingenio

El tercer elemento de la resiliencia es la capacidad de construir con lo que tenemos a nuestro alcance. Los psicólogos siguen el ejemplo del antropólogo francés Claude Levi-Strauss y llaman a esta habilidad «bricolaje».[3] Es curioso que las raíces de esta palabra estén estrechamente vinculadas con el concepto de resiliencia, que literalmente significa «rebotar». Dice Levi-Strauss: «En su antiguo sentido, el verbo *bricoler*, siempre se usaba para referirse a algún movimiento inesperado: una bola que bota de forma extraña, un perro que se aparta del grupo o un caballo que cambia su dirección para evitar un obstáculo».

En el sentido actual, bricolaje se puede definir como una especie de inventiva, la capacidad para improvisar una solución para los problemas sin contar con las herramientas o los materiales apropiados. El *bricoleur* siempre está tratando de arreglar algo; por ejemplo, montando una radio con enseres que ha encontrado por casa o poniendo a punto su propio coche. Aprovechan al máximo lo que tienen, utilizando los objetos de formas inesperadas. En los campos de concentración, por ejemplo, los prisioneros resilientes guardaban trocitos de cordel o alambre siempre que los encontraban. Más tarde, esos trozos podían ser útiles, quizá para arreglar un par de zapatos, lo que en condiciones de frío extremo podía marcar la diferencia entre vivir o morir.

Cuando se presentan situaciones confusas, los *bricoleurs* (los «manitas») se las arreglan para improvisar imaginando posibilidades donde otros solo se sienten bloqueados. Dos de mis amigos, a los que llamaré Paul Shields y Mike Andrews, compartieron habitación durante los años universitarios. A nadie le sorprendió que, una vez graduados, juntos emprendieran un negocio dedicado a la venta de material educativo para escuelas, empresas y consultorías. Al principio, la compañía fue un gran éxito e hizo millonarios a sus dos fundadores. Pero la recesión de principios de los noventa les golpeó fuerte y perdieron a muchos de sus principales clientes. En la misma época, Paul vivió un amargo divorcio y una depresión que le impedía trabajar. Mike propuso a Paul comprarle su parte, pero como respuesta recibió una demanda acusándole de que intentaba quedarse con el negocio. Llegados a ese punto, una persona menos resiliente simplemente se hubiera apartado del lío. Pero Mike no lo hizo. Mientras el caso llegaba al juzgado, siguió gestionando la compañía como pudo, adaptando constantemente el negocio hasta que encontró un modelo que funcionaba: trabajar con otras empresas vendiendo materiales educativos en inglés a compañías rusas y chinas. Más tarde, empezó a enviar boletines editoriales a sus clientes. En un momento dado, incluso se encontró escribiendo guiones de video para la competencia. Gracias a todas esas nuevas actividades (propias de un *bricoleur*), cuando la demanda se resolvió a su favor, Mike tenía un negocio completamente diferente, mucho más sólido que el que había iniciado.

El bricolaje o la restauración también puede practicarse a un nivel mucho más elevado. Richard Feynman, ganador del Premio Nobel de Física en 1965, es un ejemplo de lo que puede entenderse como bricolaje intelectual. Por pura curiosidad, Feynman se convirtió en todo un experto en abrir cajas fuertes sin conocer la combinación, no solo tratando de buscar los mecanismos que le permitirían hacerlo, sino recogiendo las impresiones psicológicas de las personas que usaban esas cajas fuertes para averiguar cómo escogían los códigos de apertura. Logró abrir muchas de las cajas de Los Álamos, por ejemplo, porque supuso que los físicos teóricos no emplearían códigos numéricos aleatorios que podrían olvidar, sino secuencias con un significado matemático. Resultó que las tres cajas que preservaban todos los secretos de la bomba atómica se abrían con la misma constante matemática, *e*, cuyos primeros seis dígitos son 2,71828.

Las organizaciones resilientes están llenas de *bricoleurs* aunque, por supuesto, no todos ellos son un Richard Feynman. Así, las compañías que sobreviven señalan la improvisación como una capacidad fundamental. Fijémonos en UPS, que da plenas facultades a sus trabajadores para que hagan lo que sea necesario con el fin de entregar los paquetes a tiempo. Dice su director ejecutivo, Eskew: «Pedimos a nuestros empleados que terminen el trabajo.

Si eso significa que deben improvisar, improvisan. De lo contrario, no podríamos hacer lo que hacemos cada día. Imaginémonos qué puede salir mal: un semáforo averiado, un neumático pinchado, un puente inundado... Si esta noche cae una tormenta de nieve sobre Louisville, un grupo de gente se sentarán y discutirán cómo solucionar el problema. Nadie les pide que lo hagan. Se reúnen porque tenemos la costumbre de hacerlo».

Esa filosofía hizo que la compañía estuviera repartiendo paquetes en el sudeste de Florida solo un día después de que el huracán Andrew devastara la región en 1992, causando miles de millones de dólares en daños. Mucha gente estaba viviendo en sus coches porque sus casas estaban destruidas, y aun así los conductores y los supervisores de UPS organizaron los paquetes en un lugar alternativo y siguieron repartiendo incluso a aquellos que se habían alojado en sus coches. Esas impresionantes habilidades de improvisación permitieron que todo siguiera funcionando después de aquel revés catastrófico. Y el hecho de que la compañía continuara dio a otros un sentido de propósito y significado en medio del caos.

Sin embargo, el tipo de improvisación practicado por UPS está muy lejos de la creatividad desenfrenada. Efectivamente, como ocurre en el ejército, UPS sigue unas reglas y unas normas. Como dice Eskew: «Los conductores siempre dejan sus llaves en el mismo sitio, cierran las puertas de la misma manera, llevan los mismos uniformes. Somos una compañía que cree en la precisión». Afirma que, aunque puedan parecer exageradas, las reglas de UPS empujaron a la compañía a recuperarse inmediatamente después del huracán Andrew, ya que permitieron que la gente se centrara en buscar las soluciones de uno o dos puntos imprescindibles para para seguir trabajando.

Karl E. Weick, un profesor de conducta organizacional en la Escuela de Negocios de la Universidad de Michigan en Ann Arbor y uno de los pensadores más respetados en psicología organizacional, opina lo mismo que Eskew. «Hay indicios fiables de que, cuando la gente está bajo presión, recupera sus mecanismos de respuesta más habituales», ha escrito Weick. «Bajo condiciones que ponen en riesgo la vida, no necesitamos creatividad». En otras palabras: las reglas y normas que hacen que algunas compañías parezcan menos creativas hacen que sean más resilientes en las épocas turbulentas.

———————————

Claus Schmidt, el reportero del que hablé al principio del capítulo, falleció hace unos años, pero aunque estuviera vivo, no creo que le hubiera entrevistado sobre su resiliencia. Me resultaría extraño preguntarle: «Claus, ¿te enfrentaste de verdad a la realidad? ¿Encontraste algún sentido a tanta adversidad? ¿Improvisaste tu recuperación después de los desastres personales y profesionales?». Tal vez él no habría sido capaz de responderme. En mi experiencia, la gente resiliente no suele calificarse como tal. Prestan poca atención a sus historias de supervivencia, y muy a menudo las atribuyen a la suerte.

Obviamente, la suerte tiene mucho que ver con la supervivencia. Fue una suerte que Morgan Stanley estuviera en la torre sur y que sus empleados pudieran poner en práctica sus técnicas de evacuación. Pero tener suerte no es lo mismo que ser resiliente. La resiliencia es un acto reflejo, una forma de afrontar y entender el mundo, que está profundamente grabado en la mente y el alma de una persona. Los individuos y las compañías resilientes afrontan la realidad con firmeza, consiguen otorgar un significado a las dificultades y, en lugar de gritar desesperados, improvisan soluciones de la nada. Otras personas, no. Esta es la naturaleza de la resiliencia y su gran misterio.

DIANE L. COUTU es antigua editora sénior de HBR especializada en psicología y negocios.

Notas

1. Collins, J. C. *Empresas que sobresalen. Por qué algunas sí pueden mejorar la rentabilidad y otras no* (Barcelona, Deusto, 2014).
2. Viktor E. Frankl. *El hombre en busca de sentido* (Herder Editorial, Barcelona, 2015).
3. Ver, por ejemplo, Karl E. Weick. «The Collapse of Sense-making in Organizations: The Mann Gulch Disaster», *Administrative Science Quarterly*, diciembre de 1993.

Reproducido de *Harvard Business Review*,
mayo de 2002 (producto #R0205B).

2

Mejora tu resiliencia

Daniel Goleman

Hay dos formas de ser más resiliente: una es hablándote a ti mismo, la otra es reeducando a tu cerebro.

Si has sufrido un fracaso importante, sigue la sabia recomendación del psicólogo Martin Seligman en el artículo de HBR «Building resilience» (abril de 2011). Háblate a ti mismo. Proporciónate una intervención cognitiva y contrarresta los pensamientos derrotistas con una actitud optimista. Cuestiona tu pensamiento pesimista y sustitúyelo por una perspectiva positiva.

Afortunadamente, los fracasos importantes son infrecuentes en la vida.

Pero ¿cómo recuperarse de los errores incómodos, de los pequeños contratiempos y de las molestias irritantes que son habituales en la vida de cualquier líder? De nuevo, la resiliencia es la respuesta, pero con una cualidad diferente. Necesitas volver a entrenar tu cerebro.

El cerebro tiene múltiples mecanismos para recuperarse de los daños diarios. Le basta con un mínimo de esfuerzo para mejorar su capacidad de recuperarse rápidamente de las circunstancias adversas.

A veces nos enfadamos tanto que decimos o hacemos algo de lo que luego nos arrepentimos (¿a quién no le pasa esto de vez en cuando?). Ese es un signo inequívoco de que nuestra amígdala cerebral (el radar del cerebro que detecta el peligro y que dispara la respuesta de huida o lucha) ha secuestrado los centros ejecutivos del cerebro que se encuentran en el córtex prefrontal. La clave neuronal de la resiliencia está en la rapidez con la que nos recuperamos de este «estado de secuestro».

Los circuitos cerebrales que nos devuelven al estado de energía y concentración plenas tras el «secuestro» perpetrado por la amígdala cerebral se concentran en el lado izquierdo de nuestra área prefrontal, dice Richard Davidson, un neurocientífico de la Universidad de Wisconsin. También ha descubierto que, cuando estamos alterados, aumenta la actividad del lado derecho del área prefrontal.

Todos tenemos umbrales característicos de actividad izquierda/derecha que predicen la oscilación diaria de nuestro estado de ánimo: si la actividad se inclina hacia la derecha, estamos más alterados; si lo hace a la izquierda, nos recuperamos más rápidamente de cualquier tipo de aflicción.

Para solventar este problema en el lugar de trabajo, Davidson formó equipo con el director ejecutivo de una nueva empresa de biotecnología con un elevado nivel de presión y actividad, y con el experto en meditación Jon Kabat-Zinn, de la Facultad de Medicina de la Universidad de Massachusetts. Kabat-Zinn ofreció a los empleados de la empresa formación en mindfulness: un método de entrenamiento de la atención que enseña al cerebro a registrar todo lo que ocurre en el momento presente con total atención, pero sin reaccionar.

Las instrucciones eran simples:

1. Encuentra un lugar tranquilo y a solas donde puedas evitar las distracciones durante unos minutos. Por ejemplo, enciérrate en tu oficina y silencia el teléfono.

2. Siéntate cómodamente, la espalda recta pero relajada.

3. Concentra tu conciencia en el acto de respirar, permaneciendo atento a las sensaciones de la inhalación y la exhalación, y empieza de nuevo con cada nueva respiración.

4. No juzgues tu respiración ni trates de cambiarla de ninguna manera.

5. Considera todo lo que venga a la mente como una distracción (pensamientos, sonidos, cualquier cosa). Deja que se vaya y presta atención nuevamente a tu respiración.

Después de ocho semanas de 30 minutos de práctica diaria de mindfulness, los empleados cambiaron la proporción de tiempo que pasaban en el lado del estrés desplazándose hacia el lado resiliente izquierdo. Y, más aún, confesaron haber recuperado aquello que les apasionaba de su trabajo: entraron en contacto con lo que más potenciaba su energía.

El mejor modo de obtener los máximos beneficios del mindfulness es practicarlo entre 20 y 30 minutos diarios. Tómatelo como una rutina de ejercicio mental. Puede ser muy útil recibir instrucciones, pero la clave es encontrar un espacio en el que puedas ejercitarlo integrándolo como un hábito diario más (se pueden encontrar instrucciones para una sesión práctica incluso para los trayectos largos en coche).

El mindfulness ha ido ganando popularidad de forma continua entre aquellos ejecutivos difíciles. Por ejemplo, se proporciona formación especializada en mindfulness para ejecutivos en hoteles caros de moda, como el Miraval Resort en Arizona, o también hay programas de mindfulness y habilidades de liderazgo en la Universidad de Massachusetts. La Google University ofreció a sus empleados un curso de mindfulness durante años.

Si aprendes a practicar el mindfulness, ¿conseguirás mejorar el ajuste de los circuitos de tu cerebro que tienen que ver con la resiliencia? En los directivos de alto rendimiento, los efectos del estrés pueden ser sutiles. Mis colegas Richard Boyatzis y Annie McKee sugieren una forma general de diagnosticar el estrés causado por el liderazgo preguntándose: «¿Tengo una vaga sensación de inquietud e incomodidad, o la sensación de que la vida no es genial y simplemente creo que está bien?». Un poco de mindfulness devolverá el reposo a tu mente.

DANIEL GOLEMAN es codirector del Consortium for Research on Emotional Intelligence in Organizations en la Rutgers University, coautor de *Primal Leadership: Leading with Emotional Intelligence* (Harvard Business Review Press, 2013) y autor de *El cerebro y la inteligencia emocional*.

Adaptado del contenido publicado en hbr.org
el 4 de marzo de 2016.

3

Cómo evaluar, gestionar y fortalecer tu resiliencia

David Kopans

Recuerda la última reunión que tuviste fuera de la oficina: estás trabajando junto con el resto del equipo, rodeados de informes y hojas de cálculo, datos y cifras. Posiblemente, esparcidos sobre la mesa estaban los útiles de trabajo: hojas de datos, balances y cuenta de resultados. Los directores creen que los análisis precisos, tanto cuantitativos como cualitativos, son claves para lograr que un negocio sea resiliente. Y, sin embargo, cuando se trata de medir y fortalecer nuestra propia habilidad para adaptarnos, crecer y prosperar, por lo general no aplicamos la misma metodología.

Pero deberíamos hacerlo. A partir de mi propia experiencia estableciendo, desarrollando y haciendo crecer empresas, y tras décadas dedicadas a investigar los componentes de la resiliencia personal, he descubierto algunas estrategias que puedes utilizar para evaluar, gestionar y fortalecer tu propia resiliencia, de la misma forma que lo harías en tu empresa.

Desarrolla tu propia «moneda de la positividad». No podemos imprimir la resiliencia igual que se imprime el dinero en cada país. Pero resulta sumamente útil trabajar el concepto al que yo denomino «moneda de la positividad», basado en las interacciones cotidianas, en los acontecimientos y en los recuerdos positivos; factores que, como es bien sabido, potencian la resiliencia. Esta moneda solo «se imprime» y se guarda como un activo cuando nos centramos en lo positivo y expresamos gratitud. ¿Por qué? Porque mantener una perspectiva positiva y expresar gratitud de forma habitual son los auténticos y valiosos lingotes de oro que te permiten alcanzar y desarrollar la resiliencia.

Las investigaciones realizadas por Robert Emmons de la UC Davis, de Michael McCullough de la Universidad de Miami y de otros investigadores muestran claramente que este es uno de los métodos más fiables para aumentar la felicidad personal y la satisfacción con la vida.[1] Crear esta moneda de la positividad puede reducir la ansiedad y los síntomas de enfermedad y mejorar la calidad del sueño. Y además, gracias a ello, por supuesto, podrás incrementar tu resiliencia personal.

Lleva un registro. Ninguna de las herramientas que se utilizan para evaluar a las empresas funciona correctamente si no se registran correctamente los datos. Esto también ocurre cuando pretendemos desarrollar nuestra resiliencia. Según la investigación sobre psicología positiva realizada por el experto psicólogo Martin Seligman, de la Universidad de Pennsylvania,[2] cuando dejamos constancia escrita de las interacciones, los acontecimientos y los recuerdos positivos, estos adquieren mayor valor que otras formas no escritas de actividades basadas en la moneda de la positividad. Registra las transacciones positivas que realices anotándolas en un diario encuadernado en piel o en su equivalente digital. Tus registros pueden ser tan sencillos de llevar como un listado por categorías (como familia, amigos o trabajo) en una libreta de papel, unas notas en una hoja de cálculo o asignar etiquetas a los elementos de un diario de gratitud digital.

Crea un mercado alcista. Los mercados financieros van al alza cuando un número creciente de inversores quieren participar en él. Lo mismo sucede con tu resiliencia: crece cuando animas a los compradores de positividad a que entren en el mercado. No es difícil: la positividad es socialmente contagiosa. En la investigación para su libro *Conectados: el sorprendente poder de las redes sociales y cómo nos afectan,*[3] Nicholas Christakis (de la Universidad de Harvard) y James Fowler (de la Universidad de California, San Diego) explican cómo la felicidad no solo depende de nuestras propias elecciones y acciones, sino también de las personas que se encuentran a dos, o incluso a tres, grados de separación de nosotros. Esto quiere decir que, al ser positivos, animamos a otros a que hagan lo mismo, y esto a su vez crea un ciclo virtuosamente positivo de «entrada de fondos del banco», y nuestra resiliencia acaba creciendo y haciéndose más fuerte gracias a las acciones de otras personas.

Diversifica tu cartera de inversiones. Los negocios resilientes diversifican el riesgo. Por consiguiente, los individuos resilientes también diversifican sus inversiones de positividad. Se trata de aumentar la propia resiliencia general evaluando qué proporciona mayores rendimientos en tu «cartera de inversiones en la vida», para luego invertir más en esas áreas. Normalmente, estos activos de alta rentabilidad vienen de nuestras actividades fuera del trabajo. Y es que, aunque lo más probable es que pasemos la mayor parte de nuestras horas activas en el trabajo, el empleo no debería ser la pieza central de nuestra perspectiva positiva. En un informe de 2015 titulado «The Happiness Study» de Blackhawk Engagement Solutions, los encuestados clasificaron sus trabajos en la octava posición de una lista de doce aspectos que contribuyen a la felicidad general. En las posiciones superiores estaban la familia, los amigos, la salud, las aficiones y la comunidad.[4] Pero parece que, cuando generas más moneda de positividad en estos ámbitos, aumentas tu capacidad para llevar al trabajo la mejor versión de ti mismo.

Acostúmbrate a redactar los informes. Finalmente, igual que una compañía prepara informes regulares de sus finanzas, para desarrollar la resiliencia individual hay que revisar de forma habitual los datos de tu moneda de positividad. Esta revisión te permite valorar mejor tu situación y emprender las medidas correctivas pertinentes; pero también te ayuda a estimular tu resiliencia, ya que aumenta tu exposición a las interacciones positivas y a las expresiones de gratitud. Como sugiere el famoso experimento realizado por los científicos de datos de Facebook en 2014, publicado en *Proceedings of the National Academy of*

Sciences of the United States of America: si tu perfil empieza a reflejar positividad, tú también lo harás.[5]

Aunque no analices los datos de tu moneda de positividad con la profundidad de un experto de Wall Street, revisar estos datos de forma regular te hará más resiliente. Así que reserva un momento en tu agenda para felicitarte por tu moneda de positividad y reflexionar sobre ella (yo lo hago mientras espero mi café por la mañana). Conviértelo en un hábito: tu grado de resiliencia crecerá, y con el tuyo, el de tus amigos, tu familia y tus compañeros de trabajo.

DAVID KOPANS es fundador y CEO de PF Loop, una compañía cuyo objetivo es hacer cambios positivos en el mundo mediante aplicaciones y servicios digitales basados en la investigación de la psicología positiva.

Notas

1. R. Emmons, «Why Gratitude Is Good», *Greater Good*, 16 de noviembre de 2010. http://cort.as/zNII; y «Why Practice Gratitude», *Greater Good*, 31 de octubre de 2016, http://cort.as/zNIL.

2. M. E. Seligman et al. «Positive Psychology Progress: Empirical Validation of Interventions», *American Psychologist* 60, n.º 5 (julio-agosto 2005): 410-421.
3. Nicholas Christakis y James Fowler. *Conectados: el sorprendente poder de las redes sociales y cómo nos afectan.* Editorial Taurus, 2010.
4. «The Happiness Study: An Employee Rewards and Recognition Study», *Blackhawk Engagement Solutions*, 2 de junio de 2105. http://cort.as/zNnW.
5. D. I. Kramer et al. «Experimental Evidence of Massive-Scale Emotional Contagion Through Social Networks», *Proceedings of the National Academy of Sciences of the United States of America* 111, n.º 24 (2014): 8788-8790.

Adaptado del contenido publicado en hbr.org el
14 de junio de 2016 (producto #H02XDP).

4

Extraer aprendizajes de la crítica

Sheila Heen y Douglas Stone

E l *feedback* es fundamental. Es algo obvio: ayuda a mejorar el rendimiento, a desarrollar el talento, a ajustarnos a las expectativas, a resolver problemas, a ascender y conseguir un aumento en el salario, y dispara los beneficios.

Pero también resulta indiscutible que en muchas organizaciones el *feedback* no funciona. Si echamos un vistazo a las estadísticas vemos qué ocurre: solo el 36% de los directivos realiza correctamente las valoraciones de sus subordinados. En una encuesta reciente, el 55% de los empleados afirmó que la última evaluación de su rendimiento había sido imprecisa o injusta, y uno de cada cuatro afirmó temer esas evaluaciones más que cualquier otra cosa en su vida laboral. Cuando se preguntó a los ejecutivos sénior de recursos humanos sobre el mayor reto que suponían las evaluaciones de rendimiento, el 63% mencionó la incapacidad de los directivos o su escasa disposición a reportar *feedback* negativo. *¿Coaching* y *mentoring?* En el mejor de los casos, podemos decir que se hace bastante a la ligera.

La mayoría de las compañías intenta solucionar estos problemas enseñando a los líderes a exponer el *feedback* de forma más eficaz y frecuente. Eso está bien hasta cierto punto; todos se benefician cuando los directivos se comunican con mayor claridad. Pero mejorar las habilidades de quien debe dar el *feedback* no servirá de mucho si el receptor no es capaz de asimilar el mensaje. Es el receptor quien decide aceptar o no el *feedback*, el que debe dar sentido a lo que está escuchando y quien decide si cambia o no. Hemos de acostumbrarnos a ver el *feedback* de manera activa, en lugar de esperar a que nos venga dado.

Durante los últimos veinte años hemos estado trabajando con ejecutivos el tema de las comunicaciones difíciles, y hemos observado que para casi todo el mundo, desde las nuevas incorporaciones a los ejecutivos sénior más importantes, recibir *feedback* no resulta fácil. Una evaluación crítica del rendimiento, una sugerencia bienintencionada o un comentario indirecto que puede ser *feedback* o no («desde luego tu presentación ha sido interesante»), puede desencadenar una reacción emocional, añadir tensión a la relación y hacer que dejemos de comunicarnos. Pero también hay buenas noticias: las habilidades necesarias para recibir *feedback* son del todo claras y pueden aprenderse. Entre ellas está el ser capaz de identificar y gestionar las emociones que despierta el *feedback* y extraer valor de las críticas, incluso cuando la forma en que nos las comunican es mejorable.

Por qué el *feedback* no se registra

¿Por qué es tan difícil recibir *feedback*? El proceso cuestiona el equilibrio entre dos de nuestras necesidades más básicas: la de aprender y desarrollarnos y la de ser aceptados tal como somos. Como resultado, incluso una sugerencia aparentemente benévola puede molestarnos, ponernos tensos y a la defensiva o hacer que nos sintamos agraviados o seriamente amenazados. Los comentarios del estilo «no te lo tomes como algo personal» no son de gran ayuda para suavizar el golpe.

Para recibir mejor las críticas hay que empezar por saber interpretar y gestionar esos sentimientos. Tal vez creas que hay miles de formas en las que el *feedback* o la retroalimentación toca nuestra sensibilidad, pero de hecho hay solo tres.

Reaccionaremos de un modo u otro según la veracidad del feedback que recibamos. Cuando las evaluaciones o el consejo que te dan parecen erróneos, inútiles o simplemente falsos, te sientes indignado, agraviado y exasperado.

Reaccionaremos de un modo u otro según quien nos proporcione el feedback. Muy a menudo nuestra interpretación de la información que recibimos viene marcada por la opinión que tengamos de la persona que la emite («¡De este tema no tiene ni idea!») y por los sentimientos que nos ha desencadenado en interacciones anteriores («Después de todo lo que he hecho por ti, ¿me tienes que criticar?»). Así, inconscientemente, estás rechazando el aprendizaje que te proporcionaría este *feedback* y que aceptarías si viniera de otra persona.

Reaccionaremos de un modo u otro según la relación que tengamos con nosotros mismos. Tanto si el *feedback* es correcto como si no, inteligente o estúpido, puede ser devastador si derrumba la percepción que tienes de ti mismo. En tales circunstancias, lucharás agobiado, reaccionando a la defensiva y fuera de lugar.

Todas estas reacciones son naturales y razonables; en algunos casos, inevitables. La solución no es fingir que no las sientes, sino reconocer lo que está pasando y aprender a extraer beneficios del *feedback*, incluso cuando las reacciones te desequilibren.

Seis pasos para saber gestionar mejor el *feedback*

Gestionar bien el *feedback* es un proceso de clasificación y filtrado. Necesitas entender el punto de vista de la otra persona, cuestionarte esas ideas que de entrada quizá parezcan absurdas y experimentar con diferentes formas de hacer las cosas. También debes descartar o ignorar esas críticas que, definitivamente, sean erróneas o inútiles. Pero es prácticamente imposible actuar así desde una respuesta emocional. En lugar de conducirte a una conversación equilibrada que te ayudaría a aprender, las reacciones emocionales hacen que rechaces las críticas, contraataques o te retires.

Los seis pasos siguientes evitarán que desperdicies información valiosa o que aceptes y tomes decisiones sobre comentarios que es preferible ignorar. Estos pasos se presentan como un consejo para quien recibe el *feedback*. Pero, por supuesto, entender los desafíos que comporta el recibir críticas también ayuda a ser más efectivo a quien las emite.

1. Conoce tus tendencias

Toda tu vida has estado recibiendo *feedback*, o sea que sabes cómo respondes. ¿Niegas los hechos («Esto simplemente es un error»), cuestionas la forma de comunicarlo («¿De verdad me estás diciendo esto por email?») o te pones a la defensiva («Tú más.»)? ¿Sonríes por fuera pero hierves por dentro? ¿Te saltan las lágrimas o te llenas de indignación? ¿A medida que pasa el tiempo vas cambiando de actitud? ¿De entrada, tiendes a rechazar el *feedback* y, luego, te paras y lo reconsideras? ¿Lo aceptas inmediatamente, pero más tarde decides que no es válido? ¿Estás de acuerdo intelectualmente, pero cuesta mucho rectificar tu conducta?

Michael, un ejecutivo de publicidad, escuchó a su jefe hacer una broma sobre su falta de profesionalidad, y eso le golpeó como un mazo. «Me da mucha vergüenza», nos contó, «y no puedo dejar de pensar en todos mis errores, como si estuviera buscando en Google "cosas en las que fallo" y me salieran 1,2 millones de resultados, con publicidad patrocinada por mi exmujer y por mi padre. En este estado, es muy difícil ver el *feedback* en sus "dimensiones reales"». Pero ahora que Michael entiende su manera de actuar habitual, puede tomar mejores decisiones sobre cómo mejorar: «Puedo tranquilizarme a mí mismo diciendo que estoy exagerando y, por lo general, después de consultarlo con la almohada estoy en mejor posición para averiguar qué es lo que puedo aprender».

2. Separa el «qué» del «quién»

Si el *feedback* tiene un objetivo y se trata de un consejo inteligente, no debería importarte quien te lo da. Si una relación te activa un tipo de reacción, el aprendizaje se frena cuando vinculas el contenido de los comentarios con tus sentimientos hacia la persona que los da (o sobre cómo, cuándo o dónde te los hace). Para evitar esto, tienes que esforzarte en separar el mensaje del mensajero, y luego valorar ambos factores por separado.

Janet es química y jefa de equipo en una compañía farmacéutica. En su evaluación de rendimiento de 360 grados recibió comentarios excelentes de sus compañeros y superiores, pero le sorprendió el *feedback* negativo respecto a sus informes directos. Inmediatamente, llegó a la conclusión de que el problema era de los otros: «Tengo un alto nivel de exigencia y algunas personas no pueden con eso», recuerda que pensó. «No están acostumbrados a que alguien les presione». Así, trasladó la responsabilidad de su estilo de gestión a la incompetencia de sus subordinados; lo que le impidió aprender algo importante sobre el efecto que causaba en los demás.

Finalmente, lo entendió. Dice Janet: «Me di cuenta de que, tanto si era un problema de su rendimiento o de mi liderazgo, no eran problemas mutuamente excluyentes, y valía la pena resolverlos». Fue capaz de desvincular los problemas y hablar con su equipo sobre ellos. De una forma inteligente, comenzó la conversación sobre el *feedback* que le dieron, preguntando: «¿Qué hago para que las cosas os resulten tan difíciles? ¿Qué podría mejorar la situación?».

3. Oriéntate hacia el coaching

Algunos comentarios te evalúan («Tu puntuación es un 4»); otros te forman («Así es como podrías mejorar»). Todos necesitamos los dos tipos de información. Las evaluaciones te dicen dónde estás, qué puedes esperar y qué se espera de ti. El *coaching*, o entrenamiento, te permite aprender y mejorar, y te ayuda a aumentar tus posibilidades de jugar a un nivel superior.

No siempre es fácil distinguir un tipo de comentario del otro. Cuando un miembro del consejo llamó a James para sugerirle que en la presentación del informe financiero para el próximo trimestre comenzara con predicciones financieras en lugar de con proyecciones internas, ¿lo entendió como una sugerencia útil o como crítica velada a su metodología habitual? Cuando hay dudas, la gente tiende a suponer lo peor y a lanzar el consejo más bienintencionado a la «papelera de los exámenes». Al sentirte juzgado, es probable que se active una crisis de identidad, y la ansiedad resultante puede hacer que desperdicies la oportunidad de aprender. Así que, siempre que sea posible, piensa en el *coaching*. Esfuérzate para considerar las críticas como recomendaciones potencialmente valiosas desde una perspectiva diferente, más que como una acusación de cómo has hecho las cosas en el pasado. Cuando James adoptó esa perspectiva: «La sugerencia perdió carga emocional», dice. «Decidí entenderla como una sencilla indicación de cómo ese directivo asimilaría mejor la información trimestral».

4. Descifra las críticas

A menudo, no resulta fácil reconocer en ese mismo momento si el *feedback* es válido y útil. Así que, antes de aceptarlo o rechazarlo, analízalo para entenderlo mejor.

Veamos un ejemplo hipotético. Kara trabaja en ventas, y Johann, un compañero con experiencia, le dice: «Tienes que ser más asertiva». La reacción de ella puede ser rechazar el comentario: «Creo que ya soy bastante asertiva». O puede estar de acuerdo con él: «Sinceramente, creo que tengo que ser más asertiva». Pero, antes de decidir qué debe hacer, es necesario que entienda lo que Johann quiere decirle. ¿Se refiere a que debería hablar más a menudo, o solo a que debería hacerlo con mayor convicción? ¿Debería sonreír más, o menos? ¿Debería tener la seguridad en sí misma para admitir que no sabe algo o para fingir que lo sabe?

Incluso el simple consejo de «ser más asertiva» viene de un complejo conjunto de observaciones y juicios que Johann ha hecho mientras examinaba a Kara en reuniones y con los clientes. Kara necesita indagar en la sugerencia general y averiguar qué hecho particular la provocó. ¿Qué vio o qué no vio Johann? ¿Qué esperaba y qué le preocupa? En otras palabras, ¿de dónde procede ese *feedback*?

Kara también necesita saber hacia dónde debe orientar el *feedback* exactamente, qué quiere Johann que haga de forma distinta y por qué. Después de una conversación para aclararlo, ella puede estar de acuerdo en que es menos asertiva que otros en la planta de ventas pero estar en desacuerdo con la idea de qué debería cambiar. Si todos sus referentes en ventas son tranquilos, humildes y profundamente curiosos acerca de las necesidades de sus clientes, la opinión de Kara de qué es ser bueno en ventas puede parecer y sonar muy distinta al ideal de Johann, más identificado con la película *Éxito a cualquier precio*.

Cuando dejas de lado los comentarios precipitados y te tomas un tiempo para analizar de dónde viene el *feedback* y adónde va, puedes entablar una comunicación productiva y rica sobre las prácticas mejor consideradas, tanto si decides seguir el consejo como si no.

5. Pregunta solo una cosa

Cuando eres tú quien pide el *feedback*, es menos probable que te provoque una reacción emocional. Así que no esperes a tu revisión anual de rendimiento. A lo largo del año, busca oportunidades para obtener informaciones «digeribles» de distintas personas y utilízalas para tu *coaching*. No pidas críticas haciendo preguntas generales y poco concretas, como: «¿Tienes alguna valoración que hacerme?». Haz el proceso más manejable preguntando a un compañero, a un jefe o a un subordinado: «¿Hay alguna cosa que hago (o que dejo de hacer) que represente un lastre para mí?». Esa persona puede mencionar la primera conducta que le venga a la mente o la más importante según su opinión. En cualquiera de los dos casos, obtendrás información concreta y puedes sonsacar datos más específicos a tu propio ritmo.

Roberto, un director de inversiones en una firma de servicios financieros, vivió su proceso de revisión de 360 grados como una experiencia abrumadora y confusa: «Fue frustrante recibir dieciocho páginas de gráficos e ilustraciones, sin posibilidad de conversaciones de seguimiento para aclarar el *feedback*», dice, y añade que también le dejó un sentimiento de incomodidad respecto a sus colegas.

Ahora, Roberto habla con dos o tres personas cada trimestre para preguntarles sobre algún aspecto que debería mejorar. «No me responden lo mismo, pero con el tiempo hay temas que se repiten, y eso me da una idea de lo que frena mi desarrollo», dice. «Y tengo conversaciones realmente buenas, con mi jefe, con mi equipo e incluso con compañeros con los que hay algún roce en la relación. Están contentos de poder decirme algo que debo cambiar, y a menudo tienen razón. Nos ayuda a trabajar juntos con más fluidez».

La investigación ha mostrado que quienes buscan *feedback* de forma directa (es decir, quienes no solo tratan de conseguir que les alaben) tienden a obtener valoraciones mejores en sus evaluaciones de rendimiento. ¿Por qué?

Creemos que principalmente se debe a que alguien que pide ayuda es más probable que realmente se tome en serio lo que le dicen y mejore de verdad. Pero también porque, cuando pides un consejo o una valoración, no solo descubres cómo te ven los demás, también influyes en cómo te ven. Cuando uno pide críticas constructivas está mostrando humildad, respeto, pasión por mejorar y confianza, todo a la vez.

6. Haz pequeños experimentos

Una vez que te has esforzado en pedir y comprender el *feedback*, aún puede resultar difícil discernir qué partes de los consejos te serán de ayuda y cuáles no. Te proponemos que idees pequeños experimentos para descubrirlo. Incluso si dudas de la utilidad de una sugerencia, si el riesgo de perjuicio es pequeño y el potencial positivo es grande, vale la pena intentarlo. James, el director financiero del que hablamos antes, decidió seguir el consejo del directivo para su siguiente presentación y comprobar qué pasaba. Algunos directores se mostraron satisfechos con la novedad, pero el cambio de formato hizo que otros se animaran a aportar sugerencias. Hoy, James preparara el orden de sus presentaciones a la inversa de cómo lo hacía, para aclarar las principales preocupaciones de los miembros de la junta directiva. Una semana antes de la presentación envía un email para preguntar si existe algún tema candente: inicia su charla respondiendo a estos temas o indicando a qué temas responderá más adelante. «Me cuesta más preparar la charla, pero es mucho más fácil presentarla», dice. «Paso menos tiempo contestando a preguntas inesperadas, que era la parte más difícil del trabajo».

Este es un ejemplo que merece la pena seguir. Cuando alguien te ofrece una recomendación, ponla a prueba. Si funciona, genial. Si no, puedes probar de nuevo, cambiar tu método o concluir el experimento. Nunca es fácil aceptar las críticas. Aunque sepas que son necesarias para tu desarrollo y confíes en que la persona que te las ofrece quiere que progreses, puede activar reacciones psicológicas. Puedes sentir que se te hace un juicio injusto, que se te menosprecia y, algunas veces, amenazado en tu propia esencia.

Tu desarrollo depende de tu capacidad para extraer valor de las críticas, a pesar de las reacciones naturales, y de tu disposición a buscar más consejos y *coaching* de jefes, compañeros y subordinados. Pueden darte buenos o malos consejos, o pueden disponer de poco tiempo para eso, pero tú eres el factor más importante de tu propio desarrollo. Si estás decidido a aprender de cualquier *feedback* que recibas, serás imparable.

SHEILA HEEN y DOUGLAS STONE son cofundadores de Triad Consulting Group y enseñan negociación en la Facultad de Derecho de Harvard. Son coautores de *Thanks for the Feedback: The Science and Art of Receiving Feedback Well*, del cual se ha adaptado este artículo.

Reproducido de *Harvard Business Review*, enero-febrero de 2014 (producto #R1401K).

5

Reaccionar rápido

*Cómo se recuperan los grandes líderes
de los tropiezos en sus carreras*

Jeffrey A. Sonnenfeld y Andrew J. Ward

De todas las pruebas por las que pasa un líder, pocas son más difíciles y dolorosas que recuperarse de un tropiezo serio; tanto si está causado por un desastre natural, una enfermedad, una mala conducta, como por errores o injustas destituciones conspiratorias. Pero los auténticos líderes no se desmoronan. Las derrotas les impulsan a reincorporarse a la lucha con mayor fuerza y determinación.

Tomemos el caso de Jamie Dimon, expresidente de Citigroup, que fue despedido y ahora es director ejecutivo de JPMorgan Chase. O el caso del fundador de Vanguard, Jack Bogle, a quien destituyeron como presidente de Wellington Management pero luego se embarcó en la creación del primer fondo índice y se convirtió en una voz destacada para la reforma del Gobierno de Estados Unidos. Casos similares son el del presidente de Coca-Cola, Steve Hayer, que fue sorprendentemente ignorado para la posición de director general en Coke, pero luego fue rápidamente nombrado jefe de Starwood Hotels. Quizás el caso de Donald Trump sea el más extraordinario. Trump se recuperó de dos catástrofes financieras en sus negocios de casinos, pasó a ser un próspero promotor inmobiliario y a triunfar como productor y estrella en los *reality show*... hasta llegar a convertirse en el presidente de Estados Unidos.

Estas historias siguen siendo la excepción, y no la regla. La famosa cita de F. Scott Fitzgerald de que «no hay segundos actos en las vidas americanas» proyecta una sombra oscura sobre las carreras de los líderes empresariales que han descarrilado. En nuestra investigación hemos analizado las destituciones de más de 450 directores ejecutivos de compañías que cotizaban en bolsa, principalmente entre 1988 y 1992. Descubrimos que solo el 35% de los CEO despedidos volvieron a tener un empleo ejecutivo a los dos años de su despido. El 22% retrocedió en su carrera y asumió solo funciones de asesoría; generalmente, aconsejando a organizaciones más pequeñas o como parte del consejo directivo. Pero el 43% puso fin a su carrera y se retiró.

¿Qué impide regresar a un líder que ha sido despedido? Los que no pueden recuperarse tienen tendencia a culparse y a menudo tienen tendencia a vivir anclados en el pasado, más que en el futuro. En secreto, se sienten responsables del revés de su carrera, tanto si lo son como si no, y quedan atrapados en una red psicológica que ellos mismos tejen, incapaces de desprenderse del lastre que les supone haber perdido su puesto. Esta dinámica suele verse reforzada por colegas bienintencionados e incluso por la familia o los amigos, que pueden acabar culpándoles cuando intentan encontrar una explicación al caos que rodea al desastre. Tristemente, su consejo a menudo suele ser más perjudicial que útil.

En las distintas culturas, la capacidad de superar las adversidades de la vida es una característica esencial para convertirse en un gran líder. En su influyente libro de 1949, *El héroe de las mil caras*, el antropólogo Joseph Campbell nos mostró que las distintas historias de los grandes líderes, en cualquier cultura y época, responden en esencia al mismo arquetipo: al «mito del héroe». Este mito se encarna en las etapas de la vida de los arquetipos universales, como Moisés, Jesús, Mahoma, Buda, Eneas, Odiseo y el azteca Tezcatlipoca. Los líderes transformadores siguen un camino similar hacia la grandeza: éxitos precoces (que implican difíciles decisiones), pruebas constantes, serios tropiezos y, al final, el triunfo cuando se reincorporan a la sociedad. Si Campbell escribiera este ensayo hoy, incluiría a los líderes corporativos, que afrontan pruebas similares en su camino hacia la grandeza.

Este artículo tiene el objetivo de ayudar a los líderes (o a cualquiera que sufra un revés inesperado) a examinar su, con frecuencia, abrupta caída desde su agraciada situación y ofrecer un procedimiento a través del cual puedan recuperarse, e incluso superar, sus logros del pasado. A partir de nuestro conocimiento tras 22 años de entrevistas con unos 300 altos directivos despedidos y con otros profesionales malogrados, nuestras investigaciones académicas sobre el liderazgo, nuestros trabajos de consultoría y nuestras propias experiencias, estamos convencidos de que los líderes pueden triunfar sobre la tragedia, siempre y cuando den unos pasos conscientes para hacerlo. Para empezar, tienen que pensar cuidadosamente cómo resistir. Una vez tomada esta decisión crucial, deben implicar a otros en su batalla. Entonces tendrán que dar los pasos que les permitan recuperar su estatus de héroe, poniéndose a prueba a sí mismos y a quienes tengan el temple necesario para redescubrir su heroica misión.

Poca gente personifica este viaje mejor que el presidente Jimmy Carter. Después de su devastadora derrota para la reelección frente a Ronald Reagan, Carter estaba agotado emocionalmente. Como alguna vez nos relató después: «Volví a Plains, en Georgia, completamente agotado, dormí durante casi

24 horas, y luego desperté a una vida completamente nueva, no elegida, y potencialmente vacía». Aunque se sentía orgulloso de sus logros conseguidos después de su elección (su éxito en la desregulación de la energía, por ejemplo, sus esfuerzos para promover los derechos globales en todo el mundo y su habilidad para negociar la paz entre Israel y Egipto en los Acuerdos de Camp David), Carter necesitaba seguir adelante y dejar atrás su frustración y sensación de rechazo, particularmente en lo relativo al fracaso en su intento de obtener la liberación de los rehenes estadounidenses en Irán.

A pesar de su dolor y de su sentimiento de humillación, Carter no se refugió en la ira y la autocompasión. Se dio cuenta de que su protagonismo global le proporcionaba una situación privilegiada desde la que podía luchar para restaurar su influyente papel en los acontecimientos mundiales. En consecuencia, reclutó a otros para la batalla contando con el entusiasta apoyo de su mujer, Rosalynn, a varios miembros de su administración, a investigadores académicos en el campo de la ciencia y de las ciencias sociales, a líderes mundiales y a patrocinadores financieros que le ayudaron a poner en marcha el Carter Center. Carter probó su entereza rechazando retirarse de la lucha. Efectivamente, continuó implicándose en la mediación de conflictos internacionales en Etiopía y Eritrea, Liberia, Haití, Bosnia y Venezuela, demostrando en el proceso que no estaba acabado. Recobró su «estatus heroico» cuando recibió el Premio Nobel de la Paz en 2002 «por sus décadas de esfuerzos incansables para encontrar soluciones pacíficas a los conflictos internacionales, para hacer progresar la democracia y los derechos humanos, y para promover el desarrollo social y económico». Y, a través del Carter Center, había redescubierto su «misión heroica» de continuar su viaje hacia el avance de los derechos humanos y aliviar el sufrimiento de los necesitados.

Veamos ahora cómo algunos grandes líderes empresariales han seguido el mismo camino para recuperarse de desastrosos fracasos profesionales.

Decide cómo defenderte

La primera decisión que debes afrontar ante un fracaso profesional es la cuestión de si vas a resolver la situación que te hizo caer, con una batalla agotadora, cara y puede que vergonzosa, o si vas a intentar dejarla atrás tan rápido como sea posible, con la esperanza de que nadie se dé cuenta ni la recuerde durante mucho tiempo. En algunos casos, es mejor evitar la confrontación directa e inmediata. Bernie Marcus, el cofundador de Home Depot, por ejemplo, decidió apartarse de las arenas movedizas que suponía el pleito contra Sandy Sigoloff, la directora del conglomerado que despidió a Marcus de Handy Dan Home Improvement. En lugar de recurrir a los juzgados, Marcus convirtió el mercado en su campo de batalla. Gracias a su estrategia, tuvo la oportunidad de crear The Home Depot, el primer minorista de bricolaje en el mundo, que ahora (bajo su sucesor) se acerca a los 100.000 millones de dólares en ventas, con varios cientos de miles de empleados.

La historia de otro superviviente también empezó con un elegante retiro. Jamie Dimon fue despedido como presidente de Citigroup por el entonces presidente Sandy Weill después de dieciséis años de colaboración para hacer progresar a la institución.

Cuando habló con nosotros o con otras personas, jamás ocultó su decepción ni su sentimiento de injusticia. Monica Langley, en su libro de 2003 *Tearing down the walls*, describe lo que sucedió cuando Weill le pidió a Dimon que dimitiera. Dimon, que no se lo esperaba, respondió: «Seguramente has pensado esto muy bien, y no hay nada que yo pueda hacer». Mientras echaba un vistazo a la nota de prensa ya lista para ser enviada, Dimon se dio cuenta de que la junta compartía la decisión con Weill. La empresa ofreció a Dimon una generosa indemnización por despido, así que una batalla con Weill parecía inútil. Mientras estaba sin empleo, Dimon aprovechó para leer biografías de grandes líderes que habían pasado por un verdadero sufrimiento. También recuperó el boxeo, una forma, quizás, de afrontar el estrés y el dolor. Transcurrido un año, Dimon decidió que necesitaba zanjar el asunto, e invitó a Weill a comer al Four Seasons para darle las gracias. Tal como Dimon relata en el libro de Harvey Mackay de 2004, *We Got Fired!*: «En aquel entonces me había serenado. Sandy no iba a llamarme... Sabía que estaba preparado para darle las gracias por lo que hizo por mí. También sabía que los dos teníamos que hablar de lo que había ocurrido. Quería dejar esto atrás para poder continuar. Una parte de mí me decía que había pasado dieciséis años con él. De ellos, doce o trece habían sido bastante buenos. No puedes mirar solo hacia un lado y prescindir del otro. Yo también había cometido errores: acepté que yo tenía una parte de la culpa. Si lo era en un 60 o en un 40 por ciento, no importaba. Me sentí muy bien en mi encuentro con él». Así fue cómo Dimon convirtió su despido en un episodio que le aportó una perspectiva útil y una resolución tranquilizadora (ver «Superar la rabia y la negación»).

Unos seis meses después de aquella comida, en marzo de 2000, Dimon se convirtió en el director

SUPERAR LA RABIA Y LA NEGACIÓN

Uno de los pasos más importantes en el camino hacia la recuperación es afrontar el fracaso y aceptarlo. Esto puede ser tan simple como entender la política maquiavélica de los demás. Así que, a medida que comienzas a reconstruir tu carrera, asegúrate de que:

- *Recuerdas que el fracaso es un inicio, no un final.* Siempre es posible regresar al punto de partida.

- *Mira hacia el futuro.* Las acciones preventivas a menudo son más eficaces que las reactivas, incluso si solo consisten en retroceder y reflexionar sobre qué hacer a continuación.

- *Ayuda a los demás a que afronten tu fracaso.* Incluso es posible que tus amigos íntimos te eviten, porque no saben qué decir o hacer. Diles que estás receptivo a su ayuda y qué es lo que más te ayudaría.

(continúa)

- *Construye tu relato.* Construir tu reputación implica contar, y volver a contar, tu historia para poder dar tu versión de los hechos a todos y explicarles tu fracaso. Sé coherente.

general de Bank One, un enorme banco de Chicago que sobrevivió a la fusión de First Chicago y el original Bank One. Aquel año, Bank One comunicó una pérdida de 511 millones de dólares. Tres años después, bajo el liderazgo de Dimon, Bank One estaba teniendo unos beneficios record de 3.500 millones de dólares, y el precio de sus acciones se había disparado un 85%. Aparte de esta grata restitución, el año siguiente Bank One se fusionó con JPMorgan Chase, una institución con la que Weill había deseado fusionarse durante mucho tiempo. Dimon se convirtió en el CEO de la nueva compañía y ahora está reconocido como uno de los ejecutivos financieros más influyentes del mundo.

Por supuesto, no siempre es una buena decisión sentarse en el banquillo y suponer que la justicia prevalecerá. El muy respetado Nick Nicholas, que fue sustituido repentinamente como director ejecutivo de Time Warner por su hábil rival Gerald Levin, nunca desafío a su antigua firma. Se fue a esquiar a Vail, a la espera de una llamada que le reclamara de nuevo. Pronto se convirtió en un próspero inversor en nuevos negocios, en profesor y en director de la junta directiva, pero nunca recuperó su función de líder de una gran empresa cotizada en bolsa. Otros altos directivos destituidos, como Jacques Nasser de Ford, Carly Fiorina de Hewlett-Packard, John Akers de IBM, Richard Ferris de United Air Lines y John Sculley de Apple tampoco han vuelto a estar al frente de una de las principales empresas mundiales. Muchos les consideraban líderes brillantes y nunca fueron acusados de desvalijar a los accionistas (como algún CEO corrupto en los últimos años), pero jamás se defendieron, simplemente desaparecieron.

El factor determinante para decidir sobre si conviene luchar o huir tiene que ver con el daño (real o potencial) causado en la reputación del líder, el recurso más importante con el que este cuenta. Aunque los altos directivos destituidos y otros líderes dispongan de los recursos suficientes y experiencia para remontar, será su reputación lo que marcará la diferencia entre recuperar su carrera de forma eficaz o fracasar.

Es mejor evitar esas luchas que solo aportan una pírrica victoria. Las batallas por pura venganza pueden parecerse a las tragedias de Shakespeare, donde todos acaban perdiendo. Por ejemplo, el miembro de la junta de Hewlett-Packard Tom Perkins, al intentar defender a su amigo y compañero el director George Keyworth de las acusaciones de filtrar conversaciones confidenciales de la junta, no solo hizo caer a la presidenta de HP, Patricia Dunn, sino que también causó a su amigo mucha más humillación, forzándole además a que dejara la junta. Un líder debe considerar si, al defenderse de unas acusaciones, va a incrementar el daño inicial porque con ello provoca que ciertos temas polémicos salgan a la luz.

Sin embargo, cuando las acusaciones no son lo bastante graves para causar un contratiempo desastroso en la carrera de un líder pero pueden impedir su regreso, el líder tiene que defenderse. Pensemos en el antiguo primer ministro israelí, Ariel Sharon. Fue el triunfante comandante en el frente egipcio durante la Guerra de los Seis Días de 1967. Quince años más tarde, como ministro de Defensa, Sharon llevó a cabo un ataque contra la Organización para la Liberación de Palestina en el Líbano. Las milicias cristianas aprovecharon la oportunidad para masacrar a cientos de palestinos en actos de venganza contra la OLP en los campos de refugiados de Sabra y Shatila, controlados por los israelíes.

El 21 de febrero de 1983, la revista *Time* publicó en portada que esas masacres habían sido el resultado de una conspiración entre Sharon y las milicias para vengar el asesinato del presidente cristiano libanés Bashir Gemayel. Sharon demandó a *Time*, tanto en Israel como en Nueva York, dando lugar a un prolongado pleito. En ambos lugares, los jurados determinaron que las acusaciones de *Time* eran falsas y difamatorias. La revista cerró la disputa y se disculpó. «Fue una lucha larga y dura pero valía la pena», dijo Sharon públicamente en aquel momento. «He venido aquí para probar que la revista *Time* ha mentido: hemos podido probar que la revista *Time* efectivamente mintió».

Como un feroz guerrero, Sharon emprendió esta batalla, cuidadosamente calculada para recuperar su reputación, y la ejecutó con un claro enfoque y con determinación. Sabía que, si no se defendía enérgicamente, nadie más podría ayudarle. Sharon no habría podido recuperar su honor y volver a un cargo público y continuar con su vida si antes no hubiera impugnado esos falsos cargos.

Implica a otros en tu batalla

Tanto si luchas como si te retiras estratégicamente durante un tiempo, es esencial que desde el principio impliques a otros en tu batalla para devolver tu carrera a la normalidad. Los amigos y conocidos desempeñan un papel fundamental prestándote su apoyo y sus consejos en el proceso de recuperación. Aquellos que realmente se preocupan por ti pueden ayudarte a adquirir una perspectiva correcta sobre las buenas y malas elecciones que has hecho. También es más probable que muestres tus puntos débiles a las personas de confianza. Sin mostrar esa vulnerabilidad no puedes conseguir una perspectiva clara ni la autocrítica necesaria para aprender de tu experiencia. Sin embargo, aunque la familia y los amigos te proporcionen un apoyo personal de valor incalculable, pueden ser menos efectivos en cuanto a la ayuda práctica para tu carrera. La investigación ha demostrado que, a la hora de plantearte nuevas oportunidades laborales en otras organizaciones, los conocidos con quienes apenas te relacionas resultan en realidad más útiles que los amigos cercanos.

En un reconocido estudio, Mark Granovetter, de la Universidad de Stanford, descubrió que de los individuos que obtuvieron un trabajo a través de contactos personales solo un 16,7% lo hizo a través de personas que había visto al menos dos veces a la semana; el 55,6% encontró trabajo a través de conocidos que veía una vez al año como mínimo. Pero el 27,8% de los candidatos encontró trabajo a través de conocidos distantes, a quienes veían menos de una vez al año (antiguos compañeros de universidad, de trabajo o personas que habían conocido a través de asociaciones profesionales). En otras palabras: la mayoría de los contactos profesionales te llegarán a través de personas que ves menos de una vez al año, en vez de a través de los que ves frecuentemente. Eso ocurre porque con los amigos próximos compartimos una red de contactos, mientras que a través de los conocidos tenemos más probabilidades de acceder a personas y contactos nuevos. Efectivamente, a través del poder de las redes sociales puedes llegar a muchísimas personas dando apenas unos pasos. Así, los conocidos lejanos que parecen no tener conexión contigo pueden ser claves en tu recuperación cuando estás intentando rehacerte.

Pero no es suficiente con tener una red amplia de conocidos. La calidad de las conexiones, incluso de las más lejanas, también importa. Ese fue el caso de Bernie Marcus, de Home Depot. Marcus se quedó muy afectado cuando lo despidieron como directivo de Handy Dan, en virtud de lo que él creía que eran acusaciones inventadas de Sandy Sigoloff, la jefa amenazada de la compañía madre, Daylin. «Por mi parte, había mucha autoinculpación», nos contó Marcus. «Me ahogaba en mi propia culpa, pasaba noches sin dormir. Por primera vez durante mi vida adulta, en lugar de vivir, estaba más preocupado por sobrevivir».

Sin embargo, Marcus tenía un recurso inesperado. Tanto si eran amigos cercanos y compañeros con los

que había trabajado o conocidos con los que se rela-
cionaba de vez en cuando, trataba a todo el mundo
con una honestidad, un respeto y una confianza muy
poco frecuentes. Esta consideración obtuvo respuesta
de la gente de su red cuando necesitó ayuda; precisamente fue uno de sus conocidos a quien menos fre-
cuentaba, Rip Fleming de Security Pacific National
Bank, quien hizo posible que Marcus emprendiera el
lanzamiento de Home Depot.

Marcus había reunido dos millones de dólares
como capital inicial para la operación de Home Depot, pero eso no era suficiente para hacer despegar
a su compañía. Acudió a varios bancos para solici-
tar una línea de crédito, pero su solicitud era rechazada una y otra vez. Finalmente, llamó a la puerta
de Fleming en Security Pacific National. Tanto Marcus como Fleming creían que las relaciones entre un
banquero y su cliente no deben limitarse a las transacciones de negocios. En consecuencia, Fleming se
había convertido en consejero de Marcus en Handy
Dan. Sin embargo, a pesar de esos fuertes lazos pro-

fesionales, Fleming era reticente a conceder una línea de crédito a Marcus hasta que Marcus voló a Los Angeles y le vendió a Fleming la idea. Al final, Security Pacific National le proporcionó una línea de crédito de 3,5 millones de dólares, lo que permitió a Home Depot despegar y empezar a funcionar. Marcus desconocía que la propuesta había sido repetidamente rechazada por el comité de créditos del banco y que solo fue aprobada cuando Fleming fue a la oficina del director con su carta de dimisión en la mano.

La forma en que gestionas tus relaciones tiene un enorme impacto en tus perspectivas para reemprender tu carrera. Marcus tenía una forma de establecer relaciones relativamente sólidas, incluso en circunstancias en que la mayoría de las personas se conformaría con mantener una relación casual. Esta capacidad de afiliación es una prueba de la habilidad del líder para remontar. Aquellas personas capaces de crear conexiones es más probable que encuentren el tipo de ayuda necesario cuando el destino va en su contra.

Recupera tu estatus heroico

No es suficiente con reclutar a otros para que te ayuden a relanzar tu carrera. Para poner en marcha tu reincorporación, en realidad tienes que *hacer* cosas para recobrar el apoyo de una audiencia más amplia. Para esto, tienes que recuperar lo que llamamos tu «estatus heroico».

El gran líder tiene una imagen pública heroica cuya presencia atrae la atención de todos. Puedes alcanzar ese estatus haciendo partícipes a los demás de tu sueño personal. Si tu sueño es aceptado, conseguirás prestigio. Si por cualquier razón no es aceptada, perderás tu sueño personal y tu reputación pública. Después de un tropiezo en tu carrera, solo podrás recobrarte si eres capaz de reconstruir tu estatus heroico; es decir, la reputación pública con la que antes te miraban. Explicar tu historia es una parte esencial para que consigas recuperar ese estatus heroico. Se trata de una campaña pública dirigida a informar y educar.

Cuando se despide a un CEO, las verdaderas causas de la destitución suelen ocultarse intencionadamente, puesto que el consejo directivo trata de proteger la reputación de la firma y la suya propia. La organización a menudo se embarca en elaboradas acciones con las que pretende disfrazar la auténtica naturaleza de la salida. De forma eufemística, la prensa acostumbra a informar de que el CEO ha renunciado «por razones personales» o «para pasar más tiempo con su familia». En nuestras entrevistas con altos directivos destituidos, descubrimos que su mayor fuente de frustración vino de no ser capaces de reconstruir su estatus de héroe contando su versión de la historia. Hemos entrevistado a varias personas cuyos acuerdos de despido de siete cifras estaban condicionados a hacer lo que se les decía cuando se fueran. Resulta todo un problema cuando los ejecutivos son públicamente sacrificados aunque no sean culpables de las acusaciones que han determinado su salida. En estos casos, la incapacidad de los CEO para exponer públicamente la verdad puede dar pie a especulaciones destructivas de la prensa, tan dañinas para sus reputaciones que luego les resulta casi imposible recuperarse.

La sabiduría popular afirma que un líder que ha sido destituido debe firmar el «acuerdo de no descrédito», aceptar la «cláusula de no competencia», tomar el dinero y salir corriendo. Creemos firmemente que dichos acuerdos son un error. Al final, tu dinero se acabará y te habrás quedado sin poder contar tu historia. Si aceptas no hablar, prepárate para estar sin trabajo durante unos cuantos años.

Me viene a la cabeza uno de los personajes menos conocido de la saga Enron, Daniel Scotto. Era el analista financiero al frente el departamento de investigación para el gran banco de inversión global Paribas. Desde el principio, Scotto dijo que Enron estaba perdiendo dinero en sus principales actividades comerciales y que solo a través de sus operaciones *offshore* la compañía había conseguido crear la imagen de rentabilidad. Paribas, que estaba refinanciando gran parte de la deuda, pidió a Scotto que se retractase de sus comentarios. Cuando se negó, Paribas le impuso una baja médica de tres semanas y luego le despidió. Se le obligó a firmar un acuerdo de no descrédito que afectó a su capacidad de desvelar la historia. Scotto estuvo cinco años sin trabajar.

Martha Stewart es la mejor demostración de que las cosas no tienen por qué ser siempre así. El caso de Stewart sirve de ejemplo de una alta directiva que explicó su historia y consiguió recuperar su estatus heroico. Lo logró orquestando una cuidadosa campaña múltiple para recuperar su reputación.

Al día siguiente de ser imputada por obstrucción a la Justicia en la investigación del Gobierno Federal sobre el uso de información privilegiada en las acciones de ImClone, Stewart contrató una página completa de publicidad en *USA Today* y en el *New York Times* y lanzó una nueva web: marthatalks.com. En una carta abierta a su público, Stewart proclamó claramente su inocencia y su intención de limpiar su nombre. De forma intuitiva, Martha entendió que, cuando un héroe tropieza, se deben reconciliar dos imágenes de la persona que ahora entran conflicto: la imagen del héroe que llegó a ser el foco de atención de todos y la del nuevo héroe caído. En su carta, Stewart logró aclarar cualquier confusión asegurándose de que la gente conociera su versión de la historia. Abiertamente, negó todos los cargos de uso de información privilegiada y reveló con claridad la falta de credibilidad de los tres testigos en los que el Gobierno fundamentaba su causa. De manera proactiva, Stewart consiguió que la gente continuase creyendo en su estatus de heroína.

La carta abierta de Stewart estaba apoyada por una declaración en su web de los abogados Robert G. Morvillo y John J. Tigue Jr., que desafiaron a los medios de comunicación a investigar por qué el Gobierno había esperado casi un año y medio para formular los cargos: «¿Quizás sea porque se trata de una mujer que, en virtud de su talento, trabajo duro y nivel de exigencia, ha competido con éxito en un mundo de negocios masculino?», preguntaban.

Con la ayuda de sus abogados y de su ingenio, Stewart se presentó con éxito ante la opinión pública, como si David luchara en una misión justa y valiente contra el Goliat del Gobierno. En lugar de abandonar a la estrella caída, sus seguidores se unieron para apoyarla. La fuerza sorprendente de este sentimiento puede apreciarse en el valor que obtuvieron las acciones de Martha Stewart Living Omnimedia. Incluso en el momento clave de la sentencia de prisión de Stewart, las acciones apenas habían cambiado su valor, que era un 50% mayor que antes de que nadie hubiera escuchado hablar de ImClone y de la desafortunada transacción de acciones. Tras su salida de prisión, el precio de las acciones era el más alto nunca alcanzado, añadió facturación a sus revistas y lanzó dos programas en la televisión nacional. Cuanto más contaba Martha su historia, más fiel le era su público.

Stewart se las arregló para dar una explicación contundente de lo que había ocurrido en realidad en su caso. Pero ¿y si tú no puedes hacer eso? ¿Qué pasa si tropiezas de verdad? Si no puedes desmentir las razones de tu destitución porque son ciertas, muestra tu auténtico arrepentimiento. A menudo, el público es enormemente indulgente con el auténtico arrepentimiento y la aflicción.

Demuestra tu entereza

Proteger tu reputación sabiendo cómo defenderte de las acusaciones injustas y reclutando a otros para que te ayuden son condiciones previas para relanzar una carrera que ha sufrido un traspié. Sin embargo, al final solo te recuperarás del todo cuando asumas ese nuevo cargo o pongas en marcha tu propio negocio. Cuando consigas demostrar que todavía puedes rendir a un nivel creíble o incluso mejor, otros empezarán a creer en ti como alguien que tiene la entereza suficiente para triunfar sobre la calamidad profesional (ver más adelante «Cómo regresar»).

No es fácil mostrar temple. Los líderes caídos se encuentran con muchas barreras en el camino hacia la recuperación, y la mayoría son interrogantes sobre su propia capacidad para volver a estar en la

CÓMO REGRESAR

Nuestras entrevistas a más de 300 CEO y a otros profesionales malparados, así como nuestras investigaciones académicas, encargos de consultoría y experiencias personales, han revelado cinco pasos clave para recuperarse de un tropiezo profesional importante. Cualquiera en esa situación puede aplicar estos pasos para recuperar, o incluso superar, sus logros del pasado.

- *Decide cómo defenderte.* Las pequeñas victorias pueden dañarte si aumentan las acusaciones lanzadas contra ti. Pero, cuando tu reputación es atacada de forma injusta, debes actuar rápido.

- *Implica a otros en tu batalla.* Los amigos y la familia pueden proporcionar consuelo y, quizás, algún nuevo punto de vista cuando lo necesites. Pero los conocidos pueden resultar más eficaces a la hora de buscar un nuevo empleo.

(continúa)

- *Recupera tu estatus heroico.* A menudo, se recomienda a los líderes destituidos que firmen acuerdos de no descrédito. No lo hagas. En lugar de eso, inicia una campaña múltiple para limpiar tu reputación y restaurar tu estatus.

- *Demuestra tu entereza.* Después de sufrir un tropiezo en tu carrera, probablemente tengas dudas sobre tu capacidad para volver a estar en la cima. Debes superarlas y, en el proceso, encontrar la valentía para demostrar a los otros y a ti mismo que no has perdido tu talento especial.

- *Redescubre tu misión heroica.* Lo que hace distintos a los grandes líderes es la búsqueda decidida de un legado duradero. Para recuperarte de un tropiezo desastroso, encuentra una nueva misión heroica que renueve tu pasión y que dé un nuevo significado a tu vida.

---

cima. Como nos relató un CEO despedido: «Nunca me senté aquí y dije, "¡Jesús! Todo lo que debo hacer es repetir de nuevo lo que hice". Las posibilidades de conseguir hacerlo de nuevo son bastante pequeñas». Sin embargo, los líderes que se recuperan son indefectiblemente aquellos que responden positivamente a la duda sobre su capacidad para volver a empezar. Incluso cuando se ven forzados por sus familias a emprender campos totalmente distintos, algunos mantienen su confianza sin temor a probar nuevos proyectos. Esta capacidad de recuperarse de la adversidad (poniendo a prueba tu fuerza interior recuperando una vez más tu confianza hecha añicos) es fundamental para conseguir una grandeza duradera.

Veamos el caso de Mickey Drexler. Cuando en el año 1983 el fundador de Gap, Donald Fisher, persuadió a Drexler para que dejara Ann Taylor y trabajara en su empresa, Gap estaba tratando de competir en el mercado vendiendo las mismas marcas de ropa que todo el mundo y atrapada en una guerra de precios. Drexler hizo crecer el negocio más allá de las marcas

Gap y creó nuevas marcas como GapKids, babyGap y GapBody, incluyendo a Banana Republic y Old Navy. Entre el año en que él llegó, 1983, y el 2000, las ventas de Gap crecieron desde 480 millones de dólares a 13.700 millones, y el valor de sus acciones creció 169 veces.

Después, las cosas empezaron a torcerse. Se empezó a comentar que Drexler había perdido sus especiales habilidades de comerciante profético. En las mentes de los analistas y en los medios de comunicación crecieron las sospechas de que los artículos de Gap se habían vuelto demasiado modernos. Aunque algunos sugirieron que el problema real era que el hermano de Fisher había abierto demasiadas tiendas muy próximas entre sí, se culpó a Drexler por el bajón, ya que durante dos años las ventas de las mismas tiendas (comparadas con las de los años anteriores) habían caído cada trimestre, y las acciones se habían desplomado un 75%. El 21 de mayo de 2002, Drexler presentó al consejo los productos para la próxima temporada, confiado en que era una gran línea de venta para el otoño. No fue suficiente para los directores, y a la mañana siguiente Fisher le despidió, convencido de que la compañía era ahora demasiado grande para el estilo de gestión práctico de Drexler.

En aquella época, Drexler era bastante rico, pero estaba decidido a demostrar que él no era el principal responsable de los fracasos de los dos años anteriores y no ponían en duda sus capacidades. Sabía que la única forma de restaurar la confianza en sí mismo, y en los demás, era regresar a un cargo que le permitiera, una vez más, demostrar su pericia. Rechazó la indemnización por despido multimillonaria que Gap le ofrecía porque contenía una cláusula de no competencia. Después de considerar otras posibilidades, la oportunidad llegó de la mano del decidido minorista de moda J.Crew.

Con unas 200 tiendas, J.Crew tenía el tamaño de una pequeña parte de Gap y, por tanto, resultaba mucho más manejable y adecuada para el estilo práctico de Drexler, lo que le ofrecía la oportunidad de tener un mayor impacto. Drexler invirtió 10 millones de dólares de su propio bolsillo para comprar un 22% de acciones de la compañía a un propietario minorista privado, la firma Texas Pacific. Aceptó un salario equivalente a menos de la décima parte de lo que ganaba en su antiguo empleo. «No tienes ni la más mínima idea de lo mucho que me está costando sacar adelante esta compañía», bromeaba en un artículo de la revista *New York* poco tiempo después de comprarla.

Los resultados probaron sobradamente que Drexler aún estaba plenamente en forma. J.Crew se recuperó de unas pérdidas operativas de 30 millones en 2003 a una rentabilidad operativa de más de 37 millones de dólares en 2004. Las ventas por metro cuadrado, en comparación con el mismo período en años anteriores, crecieron un 18%: de 338 millones de dólares a 400, mientras que el mismo índice de su antigua empresa caía un 3%. En el verano de 2006, Drexler había aumentado tanto las ventas como los beneficios, un 20%, y lanzó una oferta pública de venta para sacar la compañía a bolsa que fue muy bien recibida. Los medios celebraron su recuperación y reconocieron su talento, más que evidente.

Para Drexler, como para otros, el regreso exigía probar su valor en una situación que se percibiera como tremendamente difícil. Las nuevas compañías y los cambios de rumbo son contextos en los que los líderes abatidos pueden recobrar su prestigio. Es en esas exigentes situaciones en las que los líderes encuentran la entereza para demostrarse a sí mismos y a los demás que no han perdido sus habilidades especiales y que no hay obstáculo lo bastante grande que no puedan superar en su cruzada por volver a crecer.

Redescubre tu misión heroica

La mayoría de los grandes líderes quieren dejar un legado que perdure. Esto no significa conseguir que sus nombres queden grabados en el edificio cubierto de hiedra de la universidad, sino hacer avanzar a la sociedad construyendo y liderando una organización. Esto es lo que llamamos la «misión heroica del líder».

La mayoría de los ejecutivos a quienes hemos retratado en este artículo estaban profundamente comprometidos en construir un legado duradero incluso antes de sufrir los tropiezos en sus carreras. Es la pérdida de esta misión lo que realmente eleva un accidente a la categoría de catástrofe en la propia mente del líder, pues pone en riesgo una vida de logros. Por ejemplo, el día que Steve Jobs fue despedido de Apple, en 1985, su amigo Mike Murray estaba tan preocupado por su reacción que fue a su casa y se sentó con él durante horas hasta que estuvo convencido de que Jobs no se suicidaría.

Jobs no estuvo hundido en la desesperación durante mucho tiempo. Una semana después de su salida de Apple, voló hasta Europa y, después de unos días en París, se dirigió a las colinas de la Toscana, en el norte de Italia, donde se compró una bicicleta y un saco de dormir para acampar bajo las estrellas pensando en lo que haría a continuación. Desde Italia fue a Suiza, y luego a Rusia, antes de regresar a casa. De vuelta a California, con su pasión y su ambición renovadas, Jobs comenzó a trabajar de nuevo para convertirse en toda una potencia en el mundo de las tecnologías de la información. Fundó otra empresa de ordenadores, NeXT, que Apple compraría en 1996 por 400 millones, momento en el que Jobs volvió a Apple, mientras se convertía en la fuerza impulsora de Pixar, el enormemente próspero estudio de animación por ordenador. De nuevo en Apple, Jobs reavivó y recargó de energía a la compañía con productos avanzados y de increíble diseño, como el iMac, el iBook y el iPod, e hizo que Apple participara en negocios emergentes a través de proyectos como iTunes.

Como Martha Stewart, Steve Jobs fue capaz de recuperar su misión heroica original. Sin embargo, otros líderes depuestos tienen que empezar desde cero, porque las puertas de la industria que conocen se han cerrado a cal y canto, y no les queda más remedio que buscar otras oportunidades e iniciar una misión heroica totalmente nueva.

Eso es lo que el financiero de Drexel Burnham Lambert, Michael Milken, el imaginativo «rey de los bonos basura», tuvo que hacer. La vida de Milken representaba la encarnación del sueño americano. Nacido el 4 de julio, Milken se había convertido en multimillonario antes de los 50 años y era uno de los financieros más influyentes del mundo. De repente, todo se vino abajo. Se formularon 98 cargos criminales contra él, y la Comisión de Mercados y Valores de Estados Unidos (SEC) puso en marcha un enorme caso civil en el que se le imputaba por tráfico de información privilegiada, aparcamiento de acciones, negocio ilícito, manipulación de precios y fraude a los clientes, entre otros delitos. Acabó siendo declarado culpable de seis acusaciones relativamente menores. En noviembre de 1990, fue condenado a diez años de prisión y a pagar una multa de 600 millones de dólares, a los que tuvo que sumar otros 42 millones más por haber violado la libertad condicional. Después de pasar veintidós meses en prisión y conseguir la libertad gracias a su cooperación en otras investigaciones, a Milken se le vetó la entrada a la industria financiera de por vida.

Una semana más tarde de su salida de prisión, a Milken le diagnosticaron un cáncer de próstata y le dieron de 12 a 18 meses de vida. No dudó en enfocar su dedicación obsesiva en una nueva misión: superar la enfermedad. Gracias a un tratamiento agresivo y a su propia investigación dietética, sobrevivió y erigió una enorme fundación que apoya la investigación en la lucha contra el cáncer de próstata. Los mejores líderes científicos, políticos, religiosos y de negocios participan en el instituto de investigación económica también creado por Milken. Él sigue afirmando que fue acusado erróneamente. Algunos pueden estar en desacuerdo, pero pocos dudarán de que se ganó a pulso restaurar su buen nombre. Son muchos los que consideran que ya ha pagado por sus delitos, e incluso hay quien ha cambiado de opinión respecto a la gravedad de los mismos.

Lo que diferencia a líderes como Steve Jobs, Michael Milken y Jimmy Carter de la mayoría de las personas es la búsqueda decidida y apasionada de una misión heroica, y es eso precisamente lo que atrae y motiva a sus seguidores y hace que se unan a ellos. En el peor de los casos, el hecho de ser despojado de ese propósito vital y que, además, se te impida su búsqueda puede dejar un vacío insoportable y plantearte dudas sobre tu razón de ser. Hallar una nueva misión que restituya tu propósito para toda la vida implica una lucha feroz, pero necesaria, si quieres recuperarte.

Las tragedias y los retornos triunfales de los líderes que hemos retratado en este artículo pueden parecernos ajenas, casi bordeando lo mitológico. Pero sus historias resultan importantes lecciones sobre la recuperación tras un tropiezo profesional importante. Los regresos sorprendentes son posibles en todos los sectores, aunque las dificultades varíen según las normas de liderazgo de la cultura de cada área. Por ejemplo, los miembros del clero envueltos en escándalos sexuales probablemente vean arruinadas sus carreras, mientras que las figuras del mundo del espectáculo no solo se recuperarán, sino que tal vez se beneficien de la atención recibida. Donde una profesión valora la confianza, otra valora la fama. Así, los planes de recuperación deben adaptarse a las culturas de las distintas industrias.

Sea cual sea el escenario en el que se haga efectiva tu recuperación, lo importante es recordar que la vida nos da a todos la posibilidad de elegir, incluso en la derrota. Podemos perder la salud, a nuestros seres queridos, nuestros trabajos, pero hay mucho que salvar. Nadie puede definir el éxito por nosotros, solo nosotros podemos hacerlo. Nadie puede quitarnos la dignidad, a menos que nos rindamos. Nadie puede quitarnos la esperanza y el orgullo, a menos que renunciemos a ellos. Nadie puede robarnos la creatividad, la imaginación y nuestras habilidades, a menos que dejemos de pensar. Nadie puede evitar que nos recuperemos, a menos que renunciemos a ello.

JEFFREY A. SONNENFELD es decano asociado principal de programas ejecutivos, profesor de gestión práctica en la Cátedra Lester Crown de la Escuela de Negocios de la Universidad de Yale en New Haven (Connecticut). ANDREW J. WARD es profesor asistente de gestión en la Universidad de Georgia en Athens (Georgia). Este artículo está extraído de su libro del mismo título (*Harvard Business School Press*, 2007).

Reproducido de *Harvard Business Review*,
febrero de 2007 (producto #R0701G).

6

La resiliencia consiste en recuperarse, no en aguantar

Shawn Achor y Michelle Gielan

Viajamos constantemente y somos padres de un niño de 2 años, así que no es extraño que algunas veces fantaseemos sobre cuánto trabajo seríamos capaces de terminar si uno de los dos se subiese a un avión, sin verse distraído por móviles, amigos o imágenes de la película *Buscando a Nemo*. Corremos para acabar los preparativos: hacer el equipaje, pasar por los controles de seguridad, hacer la llamada de trabajo de última hora, embarcar. Sin embargo, cuando intentamos disfrutar de una increíble sesión de trabajo durante el vuelo, no conseguimos hacer nada. Aún peor, después de descargar el email o leer los mismos estudios una y otra vez, cuando aterrizamos estamos tan cansados que no somos capaces de seguir leyendo los emails que inevitablemente se van amontonando en nuestra bandeja de entrada.

¿Por qué nos hemos agotado tanto en el vuelo? Solo hemos permanecido sentados en la butaca sin hacer nada. ¿Por qué no podemos ser más fuertes, más resilientes y constantes en nuestro trabajo y, así, poder cumplir los objetivos que nos hemos marcado? Gracias a nuestra labor de investigación hemos llegado a la conclusión de que el problema no está ni en una agenda frenética ni en el propio viaje en avión; la causa tiene que ver con una interpretación errónea de lo que significa ser resiliente y en el obstáculo que ello supone cuando nos enfrentamos a un exceso de trabajo.

A menudo, adoptamos una perspectiva militar «dura» de la resiliencia y el aguante. Nos imaginamos a un marine sudando sangre metido en el barro, a un boxeador aguantando un nuevo asalto o a un jugador de fútbol levantándose del césped para iniciar una nueva jugada. Pensamos que cuando más aguantamos más fuertes nos hacemos y, por tanto, tenemos más oportunidades de prosperar. Sin embargo, esta concepción es científicamente inexacta.

La ausencia de un período de recuperación limita enormemente nuestra habilidad para ser resilientes y prósperos. La investigación ha mostrado que hay una correlación directa entre esa falta de recuperación y una mayor incidencia de problemas de salud y seguridad.[1] Tanto si se presenta en forma de una mala calidad del sueño, interrumpido por las preocupaciones laborales, como por la excitación continua que provoca el estar atentos constantemente al teléfono, la falta de recuperación supone, para nuestras empresas, una pérdida de 62.000 millones de dólares anuales.[2]

Y el hecho de dejar de trabajar no significa que nos estemos recuperando. Podemos salir de nuestra oficina a las cinco de la tarde, pero pasamos la noche batallando para encontrar soluciones a los problemas del trabajo, hablando de ello durante la cena y quedándonos dormidos pensando en la cantidad de cosas que tenemos que hacer mañana. En un estudio reciente, investigadores noruegos descubrieron que el 7,8% de los habitantes del país se habían convertido en adictos al trabajo.[3] Los científicos definen la adicción al trabajo como «estar excesivamente preocupado por el trabajo, con un impulso irrefrenable hacia él y dedicándole tanto tiempo y esfuerzo que hace que otros aspectos importantes de la vida se deterioren».[4]

Creemos que esta definición se puede aplicar a la mayoría de los trabajadores estadounidenses (incluidos los que leen HBR) y esto nos empujó a iniciar un estudio sobre la adicción al trabajo en Estados Unidos. Nuestro estudio recopila una gran cantidad de datos de las principales compañías médicas con la intención de analizar cómo la tecnología extiende nuestras horas de trabajo en detrimento de la necesaria recuperación cognitiva. Creemos que este hecho está repercutiendo en un incremento enorme del coste sanitario y en unas elevadas tasas de rotación en los empleos.

Las ideas equivocadas sobre la resiliencia a menudo se alimentan desde una edad temprana. Los padres que tratan de enseñar resiliencia a sus hijos pueden felicitar a un hijo que se queda despierto hasta las tres de la mañana para terminar el proyecto final para una feria de la Ciencia de su instituto. Eso es una distorsión de la idea de resiliencia. Un niño resiliente es un niño descansado. Cuando un estudiante va exhausto a clase, está corriendo el riesgo de hacer daño a alguien de camino a la escuela mientras conduce sin haber dormido lo suficiente, no cuenta con los recursos cognitivos para sacar un buen resultado en su examen de lengua, tiene menos autocontrol cuando está con sus amigos y, en casa, está malhumorado con sus padres. El exceso de trabajo y el agotamiento son lo opuesto de la resiliencia. Y los malos hábitos que aprendemos de jóvenes se incrementan cuando nos incorporamos al mercado laboral.

En su excelente libro *La revolución del sueño*,[5] Arianna Huffington ha escrito: «Sacrificamos el sueño en nombre de la productividad, pero irónicamente nuestra falta de sueño, a pesar de las horas extra que pasamos en el trabajo, añade hasta 11 días de pérdida de productividad por año y trabajador, o unos 2.280 dólares».

La clave de la resiliencia es esforzarse mucho, luego parar, recuperarse, y continuar de nuevo. Esta conclusión se basa en la biología. La homeostasis es un concepto fundamental de la biología que describe la capacidad del cerebro para recuperarse de forma continua y mantener el bienestar».[6] El neurocientífico de la Universidad de Texas A&M Brent Furl ha acuñado el término «valor homeostático» para referirse al valor de determinadas acciones para generar equilibrio, y por tanto bienestar, en el cuerpo. Cuando el organismo se desajusta debido al exceso de trabajo, desperdiciamos una cantidad enorme de recursos mentales y físicos intentando recuperar el equilibrio antes de poder seguir trabajando.

Tal como han escrito Jim Loehr y Tony Schwartz en *Power of Full Engagement*, si dedicamos demasiado tiempo a rendir con intensidad, necesitamos más tiempo de recuperación para evitar el riesgo de agotarnos. Hacer acopio de los recursos que se precisan para «esforzarse mucho» exige quemar energía extra con la que poder aumentar el nivel actual de atención. Es lo que se llama «activación». También agrava el agotamiento. Por tanto, cuanto más nos desequilibramos por el exceso de trabajo, más valor tienen las actividades que nos permitan recuperar un estado de equilibrio. El valor de un período de recuperación aumenta en función de la cantidad de trabajo que tengamos que realizar.

Entonces, ¿cómo podemos recuperar y aumentar nuestra resiliencia? La mayoría de la gente da por sentado que, si dejamos de realizar trabajos como contestar correos electrónicos o escribir un artículo, nuestros cerebros se recuperarán de forma natural y que, cuando empecemos de nuevo el mismo día o a la mañana siguiente, habremos recuperado nuestras energías. Pero seguramente todos los lectores de este artículo han sufrido noches en las que permanecemos tumbados en la cama durante horas, incapaces de dormir porque nuestro cerebro sigue pensando en el trabajo. Si uno se queda en la cama durante

ocho horas habrá descansado, pero igualmente po-
drá sentirse agotado al día siguiente. La razón es que
descanso y recuperación no son lo mismo. Parar no
equivale a recuperarse.

Si intentas aumentar tu resiliencia en el trabajo,
necesitas períodos de recuperación internos y externos. Como los investigadores Fred R. H. Zijlstra,
Mark Cropley y Leif W. Rydstedt escribieron en su
trabajo de 2014: «La recuperación interna tiene
que ver con períodos cortos de relajación dentro del
marco diario de la jornada laboral o en el entorno laboral. Son descansos cortos programados o espontá-
neos que ocurren cuando se desvía la atención o al
cambiar de tarea, cuando los recursos mentales o físicos necesarios para la tarea inicial están temporal-
mente afectados o agotados. La recuperación externa
se refiere a acciones que se realizan fuera del trabajo,
durante el tiempo libre entre días laborables, los fines
de semana y las vacaciones».[7] Si después del trabajo
te quedas tirado en la cama y te irritan con comentarios políticos en tu móvil o te estresas pensando en

decisiones sobre cómo renovar tu casa, tu cerebro no ha descansado del estado de elevada activación previo. Nuestras mentes necesitan descansar tanto como nuestros cuerpos.

Si realmente quieres aumentar tu resiliencia, empieza por parar estratégicamente. Concédete los recursos necesarios para ser tenaz creando períodos internos y externos de recuperación. En su próximo libro *The Future of Happiness*, basado en su trabajo en la Escuela de Negocios de la Universidad de Yale, Amy Blankson explica cómo parar estratégicamente durante el día utilizando la tecnología para controlar el exceso de trabajo.[8] La autora propone descargar aplicaciones como Instant o Moment para descubrir cuántas veces consultamos el móvil cada día. Lo hacemos una media de 150 veces diarias.[9] Si cada distracción conlleva solo un minuto (algo tremendamente optimista), estas consultas representarían 2,5 horas diarias.

Se pueden utilizar aplicaciones como Offtime o Unplugged para establecer períodos sin tecnología programando estratégicamente horarios en modo avión. Además, se puede disfrutar de un descanso cognitivo cada 90 minutos para recargar pilas. Intenta no comer en la misma mesa donde trabajas, y en su lugar pasar un tiempo al aire libre o con amigos, sin hablar de trabajo. Disfruta de todos tus días de vacaciones; además de obtener períodos de recuperación, también aumentas tu productividad y la probabilidad de ser promocionado.[10]

Personalmente, nosotros hemos empezado a dedicar el tiempo que pasamos en el avión a profundizar y sumergirnos en nuestra fase de recuperación, evitando trabajar. Los resultados han sido fantásticos. Normalmente, nos sentimos cansados inmediatamente cuando subimos al avión, pues la falta de espacio y la conexión irregular a internet hacen que trabajar sea un reto. Ahora, en lugar de luchar contra los elementos, nos relajamos, meditamos, dormimos, vemos películas, escribimos nuestros diarios o escuchamos algún *podcast* entretenido. Y, cuando bajamos del avión, en lugar de sentirnos agotados, estamos rejuvenecidos y listos para volver a ser productivos.

SHAWN ACHOR es autor de varios libros que han sido éxitos de ventas en la lista del *New York Times*, *The Happiness Advantage* y *Before Happiness*. Es un popular conferenciante TED, con The Happy Secret to Better Work. Ha dado ponencias o realizado estudios en más de un tercio de las empresas de la lista Fortune 100 y en cincuenta países, además de para la Liga Nacional de Fútbol Americano, el Pentágono y la Casa Blanca. Actualmente, lidera una serie de cursos bajo el título *21 Days To Inspire Positive Change* para la cadena de televisión Oprah Winfrey Network. MICHELLE GIELAN, presentadora de noticias nacionales de la cadena CBS convertida en investigadora de psicología positiva de la Universidad de Pensilvania, es autora del éxito de ventas *Broadcasting Happiness*. Colabora con Arianna Huffington investigando cómo las historias transformadoras impulsan el éxito.

Notas

1. J. K. Sluiter. «The Influence of Work Characteristics on the Need for Recovery and Experienced Health: A Study on Coach Drivers», *Ergonomics* 42, n.º 4 (1999): 573-583.
2. American Academy of Sleep Medicine, «Insomnia Costing U.S. Workforce $63.2 Billion a Year in Lost Productivity», *ScienceDaily*, 2 de septiembre de 2011.
3. C. S. Andreassen et al., «The Relationships Between Workaholism and Symptoms of Psychiatric Disorders: A Large-Scale Cross-Sectional Study», *PLoS One* 11, n.º 5 (2016).

4. C. S. Andreassen et al., «Psychometric Assessment of Workaholism Measures», *Journal of Managerial Psychology* 29, n.º 1 (2014): 7–24.
5. Huffington, A. S. *La revolución del sueño: Transforma tu vida, noche tras noche.* Barcelona: Plataforma, 2016.
6. «What Is Homeostasis?» *Scientific American,* 3 de enero de 2000.
7. F. R. H. Zijlstra et al., «From Recovery to Regulation: An Attempt to Reconceptualize "Recovery from Work"» (edición especial, John Wily & Sons, 2014), 244.
8. A. Blankson, *The Future of Happiness* (Dallas, Texas: BenBella Books, 2017).
9. J. Stern, «Cellphone Users Check Phones 150x/Day and Other Internet Fun Facts», *Good Morning America,* 29 de mayo de 2013.
10. S. Achor, «Are the People Who Take Vacations the Ones Who Get Promoted?», *Harvard Business Review online,* 12 de junio de 2015.

Adaptado del contenido publicado en hbr.org,
24 de junio de 2016 (producto #H02Z3O).

Índice

Índice

Índice

Índice

Inteligencia Emocional
EMPATÍA

Inteligencia Emocional
FELICIDAD

Inteligencia Emocional
MINDFULNESS
(Atención Plena)

Inteligencia Emocional
RESILIENCIA

Inteligencia Emocional
EL AUTÉNTICO LIDERAZGO

Inteligencia Emocional
INFLUENCIA Y PERSUASIÓN

Serie Inteligencia Emocional
Harvard Business Review

Esta colección ofrece una serie de textos cuidadosamente seleccionados sobre los aspectos humanos de la vida laboral y profesional. Mediante
investigaciones contrastadas, cada libro muestra cómo las emociones influ-
yen en nuestra vida laboral y proporciona consejos prácticos para gestionar
equipos humanos y situaciones conflictivas. Estas lecturas, estimulantes y
prácticas, ayudan a conseguir el bienestar emocional en el trabajo.

Con la garantía de **Harvard Business Review**

Participan investigadores de la talla de
Daniel Goleman, Annie McKee y **Dan Gilbert**, entre otros

Disponibles también en formato **e-book**

Solicita más información en revertemanagement@reverte.com

www.reverte.com

 @revertemanagement

Consejos inteligentes
a partir de una fuente fiable

Guías Harvard Business Review

En las **Guías HBR** encontrarás una gran cantidad de consejos prácticos y sencillos de expertos en la materia, además de ejemplos para que te sea muy fácil ponerlos en práctica. Estas guías realizadas por el sello editorial más fiable del mundo de los negocios, te ofrecen una solución inteligente para enfrentarte a los desafíos laborales más importantes.

Guías HBR

La colección que incluye las mejores ideas prácticas sobre los temas más buscados del mundo de los negocios.

Títulos publicados

- Controla el Estrés en el Trabajo
- Presentaciones Persuasivas
- Mejora tu Escritura en el Trabajo
- Políticas de Oficina
- Mejora tu productividad

- Céntrate en el Trabajo Importante
- Gestión de Proyectos
- Finanzas Básicas
- Inteligencia Emocional

Disponibles también en formato **e-book**

Adquiere ejemplares para tu equipo, tu empresa o tus eventos

revertemanagement@reverte.com

Reverté Management

Michael D Watkins es profesor de Liderazgo y Cambio Organizacional. En los últimos 20 años ha acompañado a líderes de organizaciones en su transición a nuevos cargos. Su libro, **Los primeros 90 días**, con más de 1.500.000 de ejemplares vendidos en todo el mundo y traducido a 27 idiomas, se ha convertido en la publicación de referencia para los profesionales en procesos de transición y cambio.

Las empresas del siglo XXI necesitan un nuevo tipo de líder para enfrentarse a los enormes desafíos que presenta el mundo actual, cada vez más complejo y cambiante.
Este libro presenta una estrategia progresiva que todo aquel con alto potencial necesita para maximizar su talento en cualquier empresa.

Publicado por primera vez en 1987 **El desafío de liderazgo** es el manual de referencia para un liderazgo eficaz, basado en la investigación y escrito por **Kouzes** y **Posner**, las principales autoridades en este campo.
Esta sexta edición se presenta del todo actualizada y con incorporación de nuevos contenidos.

¿Por qué algunas personas son más exitosas que otras? El 95 % de todo lo que piensas, sientes, haces y logras es resultado del hábito. Simplificando y organizando las ideas, Brian Tracy ha escrito magistralmente un libro de obligada lectura sobre hábitos que asegura completamente el éxito personal.

**Solicita más información en
revertemanagement@reverte.com
www.reverte.com**